第十八辑

论现代市场经济中的金融资本

—— 基于金融部门资本收益率的分析

On Financial Capital in Modern Market Economy:
An Analysis Based on Return on Capital of Finance Sector

彭俞超◎著

中国金融出版社

责任编辑：王效端　张菊香
责任校对：李俊英
责任印制：陈晓川

图书在版编目（CIP）数据

论现代市场经济中的金融资本：基于金融部门资本收益率的分析（Lun xiandai Shichang Jingji Zhongde Jinrong Ziben：Jiyu Jinrong Bumen Ziben Shouyilü de Fenxi）/彭俞超著 . —北京：中国金融出版社，2018. 8
（金融博士论丛）
ISBN 978 - 7 - 5049 - 9288 - 8

Ⅰ. ①论…　Ⅱ. ①彭…　Ⅲ. ①中国经济—社会主义市场经济—金融资本—研究　Ⅳ. ①F832. 5

中国版本图书馆 CIP 数据核字（2017）第 267455 号

出版
发行　**中国金融出版社**

社址　北京市丰台区益泽路 2 号
市场开发部　（010）63266347，63805472，63439533（传真）
网 上 书 店　http：//www. chinafph. com
　　　　　　　（010）63286832，63365686（传真）
读者服务部　（010）66070833，62568380
邮编　100071
经销　新华书店
印刷　北京市松源印刷有限公司
尺寸　169 毫米 × 239 毫米
印张　11. 75
字数　200 千
版次　2018 年 8 月第 1 版
印次　2018 年 8 月第 1 次印刷
定价　38. 00 元
ISBN 978 - 7 - 5049 - 9288 - 8
如出现印装错误本社负责调换　联系电话(010)63263947
编辑部邮箱：jiaocaiyibu@ 126. com

目　录

第一章　导论 ……………………………………………………………… 1

第一节　研究背景和意义 ………………………………………………… 1

一、丛生的"金融乱象" ……………………………………………… 2

二、金融部门资本收益率不断上升 ………………………………… 4

三、研究意义 ………………………………………………………… 5

第二节　重要概念的界定与说明 ………………………………………… 6

一、资本 ……………………………………………………………… 6

二、金融资本 ………………………………………………………… 6

三、不同部门的金融资本 …………………………………………… 8

第三节　研究内容、方法及创新 ………………………………………… 10

一、研究内容和结构 ………………………………………………… 10

二、研究方法 ………………………………………………………… 12

三、本研究的创新 …………………………………………………… 12

第二章　文献综述 ………………………………………………………… 14

第一节　金融资本及其收益率 …………………………………………… 14

一、马克思、希法亭、列宁的金融资本理论 ……………………… 14

二、现代经济发展中的金融资本 …………………………………… 16

三、金融部门资本收益率与企业利润率的关系 …………………… 17

第二节　金融与经济的关系：金融发展理论的分析 …………………… 18

一、金融发展理论的形成 …………………………………………… 18

二、金融发展理论的发展 …………………………………………… 20

三、对金融发展理论的反思 ………………………………………… 24

第三节　金融部门与非金融企业的资本收益率 ………………………… 25

一、金融部门资本收益率的决定因素 ……………………………… 25

二、非金融企业资本收益率的决定因素 …………………………… 28

三、金融部门资本收益率、非金融企业资本收益率与经济增长 …… 30

第三章　中国金融部门资本收益率的纵向变化与横向比较 ……… 32

第一节　金融改革进程中金融部门资本收益率的变化趋势 ……… 32

一、改革起步时期的金融部门资本收益率 ………………………… 32

二、全面推进时期的金融部门资本收益率 ………………………… 37

三、深化健全时期的金融部门资本收益率 ………………………… 39

四、改革开放以来金融部门资本收益率的变化趋势 ……………… 41

第二节　金融部门资本收益率与实体经济相关收益率的比较 …… 42

一、金融部门资本收益率和总资本回报率的比较 ………………… 42

二、金融部门资本收益率与非金融企业资本收益率比较 ………… 43

三、金融部门资本收益率和经济增长率的比较 …………………… 45

四、企业金融投资收益率与生产经营回报率的比较 ……………… 48

第三节　本章小结 …………………………………………………… 51

第四章　金融部门相对收益率上升的直接原因分析 ……………… 53

第一节　现有含金融部门的宏观经济模型及其关键假设 ………… 53

一、完美假设下的金融部门模型 …………………………………… 53

二、不完美假设下的金融部门模型 ………………………………… 55

三、金融部门模型中的金融行业壁垒假设 ………………………… 58

第二节　金融部门相对收益率与金融资本相对构成的均衡 ……… 58

一、金融资本相对构成 ……………………………………………… 58

二、稳定均衡 ………………………………………………………… 60

三、非稳定均衡 ……………………………………………………… 61

第三节　金融资本相对构成的稳态值不断上升 …………………… 64

一、金融资本相对构成的稳态转移与收敛过程 …………………… 64

二、金融部门杠杆率上升 …………………………………………… 66

三、金融机构自然垄断与利率扭曲 ………………………………… 67

第四节　金融资本相对构成的缺口不断扩大 ⋯⋯⋯⋯⋯⋯⋯⋯ 69

一、金融资本相对构成的缺口与均衡恢复速度 ⋯⋯⋯⋯⋯ 69

二、实体经济有效融资不足 ⋯⋯⋯⋯⋯⋯⋯⋯⋯⋯⋯ 71

三、资产价格泡沫的分配效应 ⋯⋯⋯⋯⋯⋯⋯⋯⋯⋯⋯ 72

第五节　本章小结 ⋯⋯⋯⋯⋯⋯⋯⋯⋯⋯⋯⋯⋯⋯⋯⋯ 73

第五章　金融部门相对收益率上升的深层原因分析 ⋯⋯⋯⋯ 74

第一节　投资驱动的经济发展方式 ⋯⋯⋯⋯⋯⋯⋯⋯⋯⋯ 74

一、主要经济思想与经济发展方式 ⋯⋯⋯⋯⋯⋯⋯⋯⋯ 74

二、投资驱动经济发展与资本回报率 ⋯⋯⋯⋯⋯⋯⋯⋯ 78

三、投资驱动经济发展与金融部门相对收益率上升 ⋯⋯⋯ 82

第二节　完全的信用货币制度 ⋯⋯⋯⋯⋯⋯⋯⋯⋯⋯⋯⋯ 86

一、从金属货币制度到信用货币制度 ⋯⋯⋯⋯⋯⋯⋯⋯ 86

二、完全的信用货币制度与商业银行杠杆率上升 ⋯⋯⋯⋯ 87

三、完全的信用货币制度与资产价格泡沫 ⋯⋯⋯⋯⋯⋯⋯ 88

第三节　金融资本的逻辑 ⋯⋯⋯⋯⋯⋯⋯⋯⋯⋯⋯⋯⋯⋯ 89

一、金融资本与金融行业壁垒 ⋯⋯⋯⋯⋯⋯⋯⋯⋯⋯⋯ 89

二、金融资本的规模经济特征 ⋯⋯⋯⋯⋯⋯⋯⋯⋯⋯⋯ 91

三、金融资本的流动性和投机性 ⋯⋯⋯⋯⋯⋯⋯⋯⋯⋯ 94

第四节　本章小结 ⋯⋯⋯⋯⋯⋯⋯⋯⋯⋯⋯⋯⋯⋯⋯⋯ 98

第六章　金融部门资本收益率上升对经济金融化、空心化的影响 ⋯⋯⋯⋯ 100

第一节　典型事实和建模思路 ⋯⋯⋯⋯⋯⋯⋯⋯⋯⋯⋯⋯ 100

一、金融部门资本收益率与经济金融化 ⋯⋯⋯⋯⋯⋯⋯ 100

二、金融部门资本收益率与经济空心化 ⋯⋯⋯⋯⋯⋯⋯ 101

三、模型构建的思路 ⋯⋯⋯⋯⋯⋯⋯⋯⋯⋯⋯⋯⋯⋯ 104

第二节　理论模型 ⋯⋯⋯⋯⋯⋯⋯⋯⋯⋯⋯⋯⋯⋯⋯⋯ 106

一、居民家庭 ⋯⋯⋯⋯⋯⋯⋯⋯⋯⋯⋯⋯⋯⋯⋯⋯⋯ 106

二、金融部门 ⋯⋯⋯⋯⋯⋯⋯⋯⋯⋯⋯⋯⋯⋯⋯⋯⋯ 106

三、非金融企业 ⋯⋯⋯⋯⋯⋯⋯⋯⋯⋯⋯⋯⋯⋯⋯⋯ 108

四、竞争性均衡和货币政策 ……………………………………… 110

第三节　模型求解与参数校准 …………………………………… 111

一、抵押约束取等号的条件 ……………………………………… 111

二、异质性抵押率的决定 ………………………………………… 113

三、参数校准 ……………………………………………………… 115

第四节　数值模拟：金融部门资本收益率上升的经济影响 ……… 117

一、静态比较 ……………………………………………………… 117

二、动态分析 ……………………………………………………… 122

第五节　本章小结 ………………………………………………… 125

第七章　金融部门相对收益率上升对经济增长的影响 ………… 126

第一节　统计描述和理论假设 …………………………………… 126

一、全球金融部门相对收益率的分位描述 ……………………… 126

二、实证分析的理论假设 ………………………………………… 129

第二节　实证模型设计 …………………………………………… 131

一、基准模型 ……………………………………………………… 131

二、银行效率估计模型 …………………………………………… 133

三、数据说明及统计描述 ………………………………………… 135

第三节　实证结果分析 …………………………………………… 136

一、金融部门相对收益率、金融发展与经济增长 ……………… 136

二、银行效率的估计结果 ………………………………………… 139

三、不同银行效率下金融部门相对收益率与经济增长 ………… 141

四、稳健性检验 …………………………………………………… 144

五、对其他传导机制的进一步探索 ……………………………… 144

第四节　本章小结 ………………………………………………… 147

第八章　研究结论与未来展望 …………………………………… 148

第一节　主要结论 ………………………………………………… 148

一、现代市场经济中金融资本的新特征："先导性"和"双刃剑" … 148

二、金融资本的逻辑使经济日益金融化、虚拟化和空心化 ……… 149

三、投资驱动的经济发展方式导致金融资本配置扭曲 …………… 151

四、金融部门与非金融企业的资本收益率均衡是最优状态 ………… 152

第二节　政策建议 ……………………………………………………… 153

一、转变经济发展方式，创新驱动与提高投资配置效率 ………… 153

二、重视实体经济的发展，增加产业资本的收益 ………………… 154

三、提高资本市场的融资功能，着力培养理性长期投资者 ……… 155

四、鼓励和引导发展民营银行，建立多层次银行体系 …………… 156

第三节　未来研究展望 ………………………………………………… 156

附录 …………………………………………………………………… 157

参考文献 ……………………………………………………………… 160

后记 …………………………………………………………………… 173

第一章
导　论

第一节　研究背景和意义

　　金融是现代经济的核心。金融资本和金融体系在现代市场经济的运行中发挥了重要的作用，极大地推动了经济发展（王广谦，1996）。自20世纪90年代以来，金融资产的增长速度远远超过了经济的增长速度，越来越多的学者意识到了金融发展与实体经济的背离。2008年起源于美国的全球金融危机，是可以与1929年大萧条相提并论的全球经济史上的又一大灾难。这使得人们对金融产生了厌恶和憎恨的情绪。

　　《经济学人》的一项调查表明：57%的受访者不认同金融创新促进了经济增长；48%的受访者认为美国金融体系对美国经济是有害的，只有34%的人支持了金融对经济的促进作用。习近平指出："2008年爆发的国际经济金融危机告诉我们，放任资本逐利，其结果将是引发新一轮危机。"[1] 法国前总统萨科齐也曾提到："金融体系本质上是一个不负责任的体系，也是不道德的。在此体系之下，遵循市场规律这一逻辑成为掩盖一切错误的借口。"英国前首相布莱尔在评论这轮危机时指出："摆在我们眼前的现实就是金融体系偏离了本质，而且它也无法回归本真了。当务之急是采取必要的措施应对危机带来的

---

[1]　引自习近平在第七十届联合国大会一般性辩论时的讲话《携手构建合作共赢新伙伴　同心打造人类命运共同体》，2015年9月28日。中国政府网，http：//www. gov. cn/xinwen/2015 - 09/29/content _ 2940088. htm。

灾害。"①

但是，西方主流的经济学家们并没有对金融失去信心。诺贝尔奖获得者罗伯特·席勒认为，现代社会离不开金融，对金融体系进行扩大化、民主化和人性化的改造，就能够形成好的社会（Shiller，2013）。与此类似，美国金融学会前主席路易吉·津加莱斯也认为，尽管学者们夸大了金融对社会的贡献，但是，只要充分利用金融的积极作用，限制金融的负面影响，就能够促进经济和社会的发展（Zingales，2015）。

与全球经济形势类似，进入 21 世纪以来，我国经济也正持续遭受着来自金融的负面影响，经济中出现了一些"金融乱象"，使金融对经济的积极作用被其负面影响所抵消。不仅如此，持续上升且远大于非金融企业的金融部门资本收益率，以及远超过社会平均值的金融从业者收入水平，意味着金融机构和金融从业者占有了更多的经济发展成果，这进一步制约了实体经济发展的积极性。

一、丛生的"金融乱象"

改革开放 30 多年来，中国经济迅猛发展，人民生活经历了翻天覆地的变化，不可否认，这与金融发展有着重要的关系。然而，随着金融与经济的关系愈发紧密，金融发展中存在的问题也逐渐暴露出来，直接影响着经济的健康发展。这些问题和现象与现有的经济学理论相违背，而且难以得到合理的解释，因而成为了学术界的谜团。国家金融发展实验室理事长李扬教授用"金融乱象"一词来概括这些问题。

第一，宏观"流动性过剩"与微观"流动性紧张"的矛盾。"流动性过剩"被公认为我国货币政策特别是货币供应的主要顽疾（李扬、张晓晶，2015）。李健（2007）指出，我国货币供应量的高速增长是"中国货币之谜"。1978 年以来，我国的经济货币化水平都不断提高，到 2015 年，广义货币量 M_2 与名义 GDP 的比值 M_2/GDP 已经达到 205%，超过了全球主要发达国家水平。然而，与此同时，我国的名义利率水平长期处于高位，2013 年 6 月还一度发生了"钱荒"，货币市场利率达到了两位数，而非正规金融的利率水平也居高不下②。资金供给的增加未能促使资金价格下跌，有悖于经济学理论。与此同时，在高货币供给和宽松信贷政策的环境下，微观企业层面的融资需求仍然难

---

① 转引自罗伯特·席勒《金融与好的社会》。
② 根据 Wind 数据库，温州指数长期处于 20% 左右。

以被满足。资金价格扭曲和银行的所有制歧视，导致信贷市场分割和金融资源错配。国家的宽松货币政策，对融资难问题的缓解程度甚微，对经济的刺激效果也并不理想。

第二，"金融自我循环"现象大量涌现。"金融自我循环"是我国金融体系运行中存在的一种特别现象，它能够在一定程度上解释宏微观流动性的矛盾。随着金融体系的发展、金融创新的活跃，形形色色的金融工具不断被金融机构创造出来，金融机构之间的合作也越来越密切。为了逐利和躲避监管，商业银行将信贷资产卖给信托机构，再以理财资金进行回购，实现资金"出表"和牟利。资金虽然最终仍然是流向实体经济的，但是在金融体系绕了两圈，这就是一种"金融自我循环"。金融体系内生地自我创造供给与需求，以金融交易实现利润。这时，金融"自我循环"能够在不改变有效金融供给的情况下提高经济金融化比率：一方面，在金融规模的统计中，空转部分的资产或负债被重复纳入其中，引起经济金融化程度提高的表象；另一方面，新增的金融交易活动都需要货币的支持，从而货币的相对流通速度下降了，也就提高了广义货币的需求。金融资源每在一个金融机构中流转一次，便要增加一分"利息"，这些"利息"最终推动了实体经济融资成本的上升。

第三，非金融企业利润来源的金融化。随着企业经营的多元化，金融投资也成为非金融企业青睐的获利手段。企业从事金融投资的比例上升，从事直接生产的比例下降，这种现象被称作经济空心化[①]。当从事直接生产的回报率不如投资金融活动的回报率高时，经济空心化就会大范围出现。2007—2014 年，中国非金融上市企业从事的类金融投资业务上升非常迅速，8 年时间已经翻了十倍，从 2007 年 Q2 的 476.46 亿元增长到 2014 年 Q4 的 4 710.68 亿元，达到了中国 2014 年 GDP 总量的 8‰。这表明，越来越多的企业在经营实体生产的同时，将资金投向了金融业务，导致产业资本从实物资本中抽离出来，逐渐转变为金融资本。经济空心化极大地制约了实物资本的形成，从另一个角度推动了"金融自我循环"。

以上三种现象是"金融乱象"中的典型，它们折射出我国金融体系的现状。一方面，经济金融化程度加速提高，即金融资产规模与经济规模之比迅速上升；另一方面，金融体系内部吸纳了较大部分的资金供给，而使实体经济中生产性企业的融资需求得不到满足，企业的空心化和金融化现象日趋严重。为

---

① 陈雨露（2015）提到："低通胀掩盖下的资产价格泡沫和金融失衡将最终导致实体经济的'空心化'和系统性风险的长期积累。"

什么会产生这些"金融乱象",它们与金融资本又有怎样的关系,是本研究要解决的问题。

二、金融部门资本收益率不断上升

皮凯蒂在《21世纪资本论》中提出了资本收益率大于经济增长率将导致不平等进一步加剧的论断(Piketty, 2014)。其中,资本收益很重要的一部分就是金融投资的收益。在现代市场经济中,金融资本凭借其特殊的地位、独特的盈利方式,获取了远高于其他要素的回报率。例如,中国A股上市企业中,金融业净利润占总利润的比重在2000年仅为7.4%,而在2009年却达到了49.3%(Luo和Zhu, 2014)。

1980—2014年,金融部门资本收益率总体呈现上升趋势,从4%上升到16%,整整翻了两番。此外,金融部门资本收益率还长期高于非金融企业资本收益率。资本以逐利为目的,收益率是驱动资本流动最重要的因素,从收益率的视角来洞察金融资本运行的规律,便可见一斑。当金融部门资本收益率高于非金融企业资本收益率时,产业资本就会积极地向金融资本转变,因此参与金融行业的资本就会增加。然而,由于行业门槛、制度门槛的存在,非金融企业难以直接转变成如同银行一般的合法金融企业来从事金融业务。这时,产业资本就会通过与一些非银行金融机构合作,实现产业资本金融化,分享金融资本收益。

产业资本通过入股或成立信托、资产管理公司、融资租赁、小额贷款公司、互联网融资平台等非银行金融机构的方式,参与到金融投资活动中。这些非银行金融机构,经营着"影子银行"业务,由于没有获得廉价存款的能力,于是与银行合作,要么发行理财产品,要么直接从银行获得便宜的贷款,将融得的资金投向实体经济部门。这时,资金会先从银行流转到非金融企业,再从非金融企业流转到其他非银行金融机构。当资金每通过一个环节,它的价格都会增加。经过多次流转后,当资金最终到达真正把它们投资于生产过程的企业时,就已经具有了相当高的价格。这就导致了生产性企业具有较高的融资成本。当这种现象普遍存在时,中央银行释放流动性或降低基准利率就很难缓解企业融资困难的问题。央行的宽松货币政策虽然能够增加银行的流动性,却不能使生产企业的融资成本降低;能使金融机构和参与金融活动的非金融企业从中获益,而不能使生产企业享受到政策的福利。

金融部门资本收益率上升与"金融乱象"有无关联?金融部门资本收益率为什么会高于并且长期高于非金融企业资本收益率?这些问题的背后反映了

金融资本的特征与规律。那么，现代市场经济中金融资本的特征和规律是什么，金融资本又如何影响经济发展，就是非常值得研究的问题。

三、研究意义

在现代市场经济中，完全的无限信用供给和高度发达的金融市场是金融体系的两个重要特征。受金融体系这两个特征的影响，金融资本快速增长，且在经济发展中的作用越来越重要。把握金融资本的运作规律，促进金融部门资本收益率形成合理的变动区间，有助于引导金融资源流向实体经济，有助于缓解我国当前面临的经济"脱实向虚"的问题，有助于推动经济的健康、可持续发展。

第一，深入分析我国金融部门与非金融企业部门之间收益率差距能够长期维持的原因，有助于研究发展中国家、经济起飞国家的金融体系发展特征和规律。收益率是驱动资本运动的重要因素，从收益率的角度分析和探索金融资本与产业资本、实体经济和经济发展的关系，不仅能够帮助我们从理论上对发展中国家、经济起飞国家的金融资本运动的特征和规律有所了解，也能帮助我们从实践上寻找发展金融、合理运用金融资本发展经济的重要途径。

第二，深入分析金融部门资本收益率高于非金融企业资本收益率如何影响我国金融体系运行，有助于探寻"金融乱象"的形成机制和驱动因素。虽然"金融资本"这一概念及其理论是在 20 世纪初期形成的，但是，这些理论对研究今天的现实仍然具有一定的指导意义。随着信用制度和金融市场的不断发展，当下的"金融资本"有了不同的形式和特征。结合金融学原理和时代的特征来分析现代"金融资本"对经济运行的影响，有利于分析和探索"金融乱象"的形成机制和驱动因素，从而对症下药地实施金融改革。

第三，深入分析金融资本如何影响经济增长，探索最优的金融部门相对收益率，有助于我国政府有关部门制定金融改革政策，改善金融部门资本收益率与非金融企业资本收益率的关系，不断完善金融体系的发展，使其能够真正地服务于实体经济。通过严谨的回归分析，能够测算出金融部门资本收益率的合理区间。以这一合理区间为调整目标，结合导致金融部门资本收益率上升的原因，采取针对性的金融改革政策，就能够规范金融资本的运动，消除"金融乱象"，借力金融资本，推动经济长期可持续发展。

第二节　重要概念的界定与说明

一、资本

关于资本，亚当·斯密（1776）在《国富论》中论述道："他所有的资财，如足够维持他数月或数年的生活，他自然希望这笔资财中有一大部分可以提供收入；他将仅保留一适当部分，作为未曾取得收入以前的消费，以维持他的生活。他的全部资财于是分成两部分。他希望从以取得收入的部分，称为资本。"① 根据这一表述，资本具有两个特征：（1）资本是收入中未消费部分的积累；（2）资本能够创造财富。

马克思所定义的资本包含价值、运动和生产关系三个层次。第一，资本是产生剩余价值的价值。第二，"它是一种运动，是一个经过各个不同阶段的循环过程"。② 第三，"资本不是物，而是一定的、社会的、属于一定历史社会形态的生产关系，后者体现在一个物上，并赋予这个物以独特的社会性质。"③

斯密和马克思对资本的定义既有相同之处，也有不同之处。他们都认为资本能够创造财富，实现价值增值，这是事物的表象。相比于斯密的定义，马克思的定义更侧重于事物的本质——资本运动和资本所反映出的生产关系。在本研究中，通俗地说，能够为它的持有者带来收入的本钱，就是资本。

二、金融资本

"金融资本"（Financial Capital）这一概念是由拉法格在《美国托拉斯及其经济、社会和政治意义》中最早提出的（张宇、蔡万焕，2010），而希法亭最先对金融资本及其理论进行了系统阐述（希法亭，1994）。列宁继承了马克思的思想，对金融资本也做出了深刻的分析。金融资本是一类特殊的资本，学术界对这一概念内涵和外延的理解并不一致。

马克思的著作中没有出现"金融资本"一词，较为接近的概念是银行资本。马克思认为，"银行资本由两部分组成：1. 现金，即金或银行券；2. 有价

① 亚当·斯密. 国民财富的性质和原因的研究：上卷［M］. 北京：商务印书馆，1972：310.
② 马克思恩格斯选集：第二卷，［M］. 北京：人民出版社，2012：322.
③ 马克思恩格斯选集：第二卷，［M］. 北京：人民出版社，2012：644.

证券，……由这些物质组成部分构成的资本，又分为银行家自己的投资和别人的存款，后者形成银行营业资本或借入资本。对那些发行银行券的银行来说，这里还包括银行券。"①根据马克思的论述，银行资本就是银行持有的各种金融资产。从所有权或来源看，这些金融资产中有银行自己投资形成的自有资本，也有从其他主体获得的借入资本。在现代市场经济中，金融机构的形式增多，金融资产的种类也增加，银行资本的概念也应该拓展为金融资本的概念。

希法亭在《金融资本》中论述道："银行也不得不把它们资本的一个不断增长的部分固定在产业之中。因此，银行在越来越大的程度上变为产业资本家。我把通过这种途径实际转换为产业资本的银行资本，即货币形式的资本，称为金融资本。"②随着银行业的不断发展，生产部门对银行资本的依赖程度越来越高。银行资本渐渐地有一部分长期固定在产业资本中，希法亭把这部分银行资本称作金融资本。

与希法亭的理解不同，列宁指出："生产的集中；从集中生长起来的垄断；银行和工业日益融合或者说长合在一起，——这就是金融资本产生的历史和这一概念的内容"③。随着垄断企业和垄断银行的增加，银行资本与产业资本逐渐融合，形成了金融寡头，列宁把这样的组织形式和它所控制的资本称为垄断金融资本。这些金融寡头不但能够支配银行资本，而且能够支配产业资本，决定非金融企业的生产、销售行为，获得企业利润。希法亭和列宁的金融资本概念都是针对"银行资本与产业资本的融合"定义的，而非银行资本本身。但是，他们对金融资本的理解有着显著的区别。希法亭认为银行资本只是部分地固定在产业资本中，并未完全与之融合。相反，列宁认为银行资本和产业资本已经高度融合起来。

在现代市场经济中，金融机构并没有完全地与非金融企业融合起来，支配企业的情况也并不多见。更常见的情况是，金融机构所能够支配的资本，绝大多数被分散地投到不同的非金融企业中。结合马克思对银行资本的论述，本研究所分析的金融资本就是金融学中所提到的金融资产④。金融资产是经济中各

---

① 马克思恩格斯选集：第二卷，[M]．北京：人民出版社，2012：572.
② 希法亭．金融资本 [M]．北京：商务印书馆，2012：252.
③ 列宁选集：第二卷，[M]．北京：人民出版社，2012：613.
④ 金融资产与金融资本是从不同角度定义的同一事物。从标的的角度，我们称之为资产，代表了某类资产本身；而从权益的角度，我们称之为资本。因而，在式（1.1）中，我们发现金融资本就是金融部门的自有资本加上其他部门对金融部门的债权。在式（1.2）中，金融资本也就等于金融部门所持有的所有金融资产。

部门所拥有的以货币价值形态存在的资产，是与实物资产相对的概念。

金融资本表现形式多样，现金、存款、贷款，股票、债券等有价证券都属于金融资本的范围。金融资本所有权和使用权分离，金融机构活动使融资者能够使用归投资者所有的金融资本。此外，金融资本具有流动性，能够在市场中交易，而且金融资本能够为所有者带来即期和远期的货币收入流量，但是，由于市场价格波动较大，金融资本也具有虚拟性和风险脆弱性等特点（王佩真，2007）。

三、不同部门的金融资本

不考虑国外部门，一国经济可以分为居民、非金融企业、政府和金融机构四个部门。这四个部门所持有的金融资本就构成了全社会的金融资本。前三个部门所拥有的金融资本大部分通过购买金融工具进入金融部门，成为金融部门的负债，被金融部门掌握、支配和运用。图 1-1 展示了四个部门的资产负债表。将居民、非金融企业、政府和金融机构四个部门依次编号为 $j = 1,2,3,4$。对居民、非金融企业和政府而言，A 表示它对金融部门的债权，D 表示它对金融部门的负债。非金融部门对金融部门的债权，就是金融部门对非金融部门的负债 A_1、A_2 和 A_3，即金融部门的借入资本。金融部门将这些借入的金融资本和自有的金融资本 C_4 结合起来，构成了金融部门能够用于投资的所有金融资本。

$$F = A_1 + A_2 + A_3 + C_4 \tag{1.1}$$

这些金融资本，除了少部分用于防范风险和购置固定资产外，大部分都被用于对其他部门投资。如图 1-1 所示，这些金融资本的运用包括对居民部门的债权 D_1，对非金融企业部门的债权 D_2，对政府部门的债权 D_3，因此：

$$F = D_1 + D_2 + D_3 \tag{1.2}$$

值得指出的是，在金融部门内部，不同的金融机构之间也存在着一些债权债务关系，未绘制在图 1-1 金融部门的资产负债表中。以上金融部门主要包括存款性金融机构，严格地说，金融资本应当也包括基金、保险公司的保费、资产管理公司管理的资产等投资性金融机构，这部分金融资本统一记为 i。则全社会金融资本可以表示为

$$F^{\#} = (A_1 + A_2 + A_3 + C_4) + i \tag{1.3}$$

假设政府的净资产 $C_3 = A_3 - D_3$。将图 1-1 中所有部门的资产负债表加总，可以得到社会总财富：

$$W = C_1 + C_2 + C_4 + C_3 = K_1 + K_2 \tag{1.4}$$

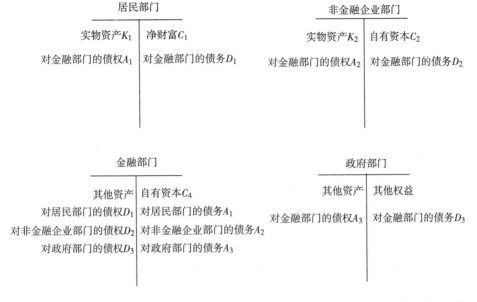

注：图 1-1 中采用四部门经济的分类方法，居民、非金融企业、政府和金融机构四个部门，依次编号为 1~4。对居民、非金融企业和政府而言，A 表示它对金融部门的债权，D 表示它对金融部门的负债。由于居民对金融部门的债权恒等于金融部门对居民的债务，因此，我们采用相同的字母来表示这两个项目，其他情况类似。K 代表实物资产，C 代表自有资本或净财富。

图 1-1　经济中四部门的资产负债表

在第一个等号后面，$C_1 + C_2 + C_4 + C_3$ 是金融部门自有资本、非金融企业自有资本与居民部门净财富和政府"净资产"之和，反映了各部门所拥有的财富，也即社会总财富。在第二个等号后面，$K_1 + K_2$ 代表了全社会的实物资产，等式中未考虑金融机构的实物资产、政府的实物资产和国外资产等。通过这一等式，只有实物资产是一国国民财富的最终体现，金融资产增长都只是金融现象，是金融部门和各部门之间的借贷关系，是经济运行和收入分配的中间环节。当前经济发展中，金融资产规模大幅上升，金融资产价格不断上涨，这并不意味着社会财富同步增加了。而且，不断增加的"金融自我循环"现象，其本质是金融机构之间债权与债务关系的增加，也是导致金融资产规模增加的一个原因。为了方便后文的分析，我们把金融部门的自有资本与非金融企业自有资本之比定义为金融资本相对构成：

$$\eta = C_4 / C_2 \qquad (1.5)$$

社会新创造的产出（如 GDP）扣除劳动者收入、税收和固定资产折旧后，就是资本的总收益。从所有权关系出发，这些资本总收益将被最终分配给居民、非金融企业、金融机构和政府四个部门，形成这些部门净财富或自有资本的增长。非金融企业获得的净收益除以自有资本 C_2，就是非金融企业的资本收益率（Return on Equity）。金融部门获得的净收益除以金融部门的自有资本 C_4 就是金融部门资本收益率。

由于金融资本主要是由金融部门掌握、支配和运用的，其运动规律也主要受到金融部门盈利性的影响，因此，本研究重点关注金融部门资本收益率。2000 年以来，我国金融部门资本收益率长期大于非金融企业资本收益率，而且二者的差距还在不断扩大。这反映了金融部门收益占总资本收益的比重在上升。金融部门资本收益率的变化，以及它和非金融企业资本收益率的关系，是本研究分析金融资本的切入点。为了简化表述，记金融部门与非金融企业的资本收益率之差为金融部门相对收益率。

第三节　研究内容、方法及创新

一、研究内容和结构

本研究结构如图 1-2 所示。在对文献进行梳理后（第二章），本研究从梳理中国改革开放以来金融部门资本收益率的变化趋势入手（第三章），借助中国金融统计年鉴和国泰安银行数据库，估计和测算了 1980—2014 年的金融部门资本收益率的变化趋势，并将它与非金融企业资本收益率、经济增长率作了比较。本研究发现，金融部门资本收益率呈现不断上升的趋势并且长期大于非金融企业资本收益率，是一个规律性的现象。随后，本研究的分析从两方面展开：一方面，分析了金融部门资本收益率长期大于非金融企业资本收益率的原因；另一方面，分析了金融部门资本收益率上升且大于非金融企业资本收益率对经济发展的影响。

第四章首先对分析金融机构的现有模型进行了梳理，发现不完美假设是分析金融部门的重要条件。由一个简单的例子出发，分析了家庭、企业和金融部门的资本收益率和资本积累过程。在此基础上，构建了包含家庭、企业和金融部门的三部门模型，在金融机构杠杆率不变和三部门储蓄率相同的假设下，推导出了金融部门相对收益率与金融资本相对构成的动态关系。我们发现，当金融资本相对构成收敛到其潜在均衡时，金融部门相对收益率恰为 0；而当金融资本相对构成的稳态值不断上升，且其实际值与其稳态值的缺口不断扩大时，

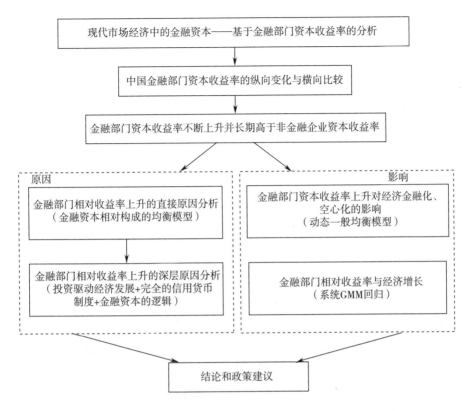

图1-2 全书研究思路图

金融部门相对收益率就会大于 0 且不断上升。由此，我们得到了可能导致金融部门资本收益率大于非金融企业资本收益率且长期上升的五个直接原因。第五章在第四章分析的基础上，从经济发展的驱动方式、国家货币制度和金融资本的逻辑三个方面，对引起金融部门相对收益率上升的五个因素进行了深入的研究。

第六章和第七章分别从两个角度分析了金融部门资本收益率对经济的影响。第六章通过构建含有金融部门的动态随机一般均衡模型，分析了金融部门资本收益率上升对经济的影响。研究发现，金融部门资本收益率上升将改变金融部门的风险偏好，导致效率不高的企业获得较多的金融资本，即金融资本的错配，进而引起大企业的经济空心化、影子银行规模占 GDP 比重上升、经济金融化程度上升和资产价格大幅上涨，与我们在现实中观察到的"金融乱象"相吻合。第七章基于全球 114 个国家 1989—2014 年的样本，通过构建系统广义矩估计模型，分析了金融部门相对收益率对经济增长的影响。回归结果表明：若我国金融部门资本收益率不断下降，与非金融企业资本收益率相均衡，经济增长会更快。

第八章概括、总结了全书的研究结论。基于本研究的结论，结合我国的国内外经济环境，提出了一些政策建议。只有转变经济发展方式，重视实体经济发展，提高股票市场的融资功能，构建多层次银行体系，才能推动经济结构优化和经济健康发展。

二、研究方法

本研究的主题是金融资本在现代市场经济中的运动规律。围绕这一主题，本研究采用了政治经济学和现代经济学相结合、规范经济学和实证经济学相结合、定性分析与定量分析相结合、理论分析和数量分析相结合的分析方法。此外，本研究还用到了以下几种具体的理论和实证方法。

第一，三部门局部均衡模型。在分析金融资本和非金融企业资本收益率关系时，本研究构建了包含家庭、企业和金融机构的局部均衡模型，重点分析了金融资本相对构成和金融部门相对收益率的动态关系，利用金融资本相对构成的相图（phase portrait）分析了金融部门相对收益率的稳定均衡和不稳定均衡，并分析了导致金融部门相对收益率非均衡的原因。

第二，动态随机一般均衡模型。在分析金融部门资本收益率与经济金融化的关系时，本研究构建了包含金融部门的动态一般均衡模型。模型中除了包含金融机构外，还包括家庭、两类中间品企业、最终品企业和中央银行。通过比较静态分析和脉冲效应分析，本研究拟合金融部门资本收益率上升的经济后果，与现实数据吻合。

第三，系统广义矩估计回归方法（System GMM）。为了克服金融部门相对收益率与经济增长之间可能的内生性问题，本研究采用了系统 GMM 回归方法。以内生变量的滞后项作为工具变量，回归模型有效地克服了内生性问题，得到了金融部门相对收益率和经济增长之间的一致估计结果。

三、本研究的创新

关于金融资本在现代市场经济中运动规律的研究，在学术界中并不多见。与现有文献相比，本研究具有以下几方面的创新。

第一，本研究的研究视角独特。区别于现有文献，本研究从金融部门资本收益率不断上升的视角，探索金融资本在经济发展中作用变化的原因。收益率是驱动资本流动的主要因素，是联系金融资本与经济发展之间关系的纽带，把它作为分析金融资本的切入点有助于研究的展开和深入。要素收益均等化原理指出，在自由流动的情况下，要素在不同行业的收益率必然相等。但是，如果企业在金融业和非金融业之间不能自由进出，即存在行业壁垒，二者之间的收益率差距仍然能够实现均衡。顺着这一思路，当一系列的外生冲击使金融资本相对构成的稳态值不断上升，且存在其他因素阻碍其真实值向稳态收敛时，金融部门相对收益率就能够呈现出长期偏离均衡且不断上升的趋势。

第二，对"金融乱象"作出了新解释。当前，我国经济中存在经济过度金融化、"金融空转"、经济空心化、影子银行规模占 GDP 比重上升、土地和房地产价格快速上涨等现象。文献虽然从不同的角度给出了解释，但往往只能解释这些现象的一部分。根据本研究的分析，投资驱动的经济发展方式使金融资本的配置扭曲，金融资本在不同效率的企业之间形成错配，获得较多金融资本的企业生产效率不高，将资本转投向金融投资业务，从而内生地产生了影子金融市场；金融资本的逻辑使金融部门资本收益率不断上升，改变了金融部门的风险偏好，进而使金融资本错配进一步加剧，获得较多金融资本而生产效率低的企业经济空心化程度更高，影子银行规模占 GDP 比重上升，进而使整体的经济金融化程度加速上升，与我们在现实中观察到的"金融乱象"吻合。

第三，本研究提出了新观点：现代市场经济中金融资本具有新特征——"先导性"与"双刃剑"。现有文献中的主要观点是金融资本有利于经济增长。然而，在现代市场经济中，虽然金融资本对经济发展有"先导性"作用，但在管理不善的情况下，金融资本也可能成为"双刃剑"。它一方面通过促进实物资本积累而推动了经济发展；另一方面，提高了经济的不确定性，主导了实体经济的产业布局，且扩大了贫富差距。

第二章
文献综述

与本研究相关的文献可分为三类，分别为金融资本的政治经济学分析、金融与经济关系的相关研究，以及金融部门资本收益率与非金融企业资本收益率的相关研究。本章分三节，分别对这三类文献进行梳理。金融资本的政治经济学分析包括金融资本含义的演变、金融资本与金融危机的关系、金融部门资本收益率与企业利润率的关系等，是本研究的理论基础。金融与经济的关系是学术界长期讨论的问题，包括金融发展与经济增长，金融结构、功能与效率等。对金融资本及其收益率问题的研究，其本质就是从金融资本运动的视角来分析金融与经济的关系，这些文献为本研究提供了研究思路和方法上的支持。金融部门资本收益率的变化趋势，及其与非金融企业资本收益率的关系，是本研究的重要切入点。梳理金融部门资本收益率、非金融企业资本收益率的相关研究十分必要。

第一节　金融资本及其收益率

一、马克思、希法亭、列宁的金融资本理论

虽然马克思的研究中未提到"金融资本"这一概念，但是他对银行资本、信用制度的分析为金融资本理论的形成奠定了基础。第一，马克思的劳动价值论认为金融活动本身并不创造价值，但是银行资本有助于资本增值。银行将社会闲散资本集中起来形成银行资本，再将这些银行资本投资于企业，这有助于企业形成更大规模的生产资本，促进了社会扩大再生产。同时，银行资本中的一部分信用工具——"汇票"具有较强的流动性，在一定程度上承担了货币

的支付和流通职能，加速了资本循环过程。第二，银行资本的收益来自产业资本的价值增值。银行资本本身不能增值，通过借贷关系，它获得了企业家支付的利息，而利息也是来自产业资本的价值增值部分。第三，银行资本虽然包含银行自有资本和借入资本两部分，但都是被银行所支配的。银行的本质是利用他人的资本挣钱。银行资本的绝大部分是借入资本。银行通过将借入资本和银行自有资本投资于企业获利，这一过程并不受到存款者的直接影响。第四，银行资本和信用关系加剧了经济危机和金融危机。银行资本进入企业反映了企业和银行的信用关系。关于信用和危机，马克思说，"只要信用突然停止，只有现金支付才有效，危机显然就会发生"①。

在马克思分析的基础上，希法亭对金融资本进行了详细论述。企业对银行资本的依赖导致了金融资本的产生。银行向生产企业提供的货币资本形式的信用贷款有两种不同的职能，一种是充当流动资本，用来预付工人的工资；另一种是购买固定资本，形成企业的固定资产（希法亭，1994）。前者类似于短期贷款，而后者类似于长期贷款。长期贷款不仅增加了银行的期限错配程度，也使银行和企业的关系变得更加紧密，使企业对银行的依赖性更强。正如希法亭所说的，"每一个商人和产业资本家都有到一定时点上必须履行的信用债务，……，他自己现在却得听任他的银行家的摆布"②。当银行与企业的关系相对固定后，企业就受到了银行的约束，不得不在贷款合同建立过程中，更多地听任银行的操纵，从而使银行资本能够最大限度地获取生产企业的利润。银行资本家将一部分银行资本长期固化在生产企业中，这部分转化为产业资本的银行资本就被希法亭称作金融资本。按照这一观点，"金融资本"事实上是高级化的银行资本，是执行了产业资本职能的银行资本。

列宁对希法亭的金融资本理论进行了批判。他认为，希法亭在分析金融资本的形成过程时，未考虑银行资本和工业资本的日益垄断性，从而削弱了金融资本的理论和分析价值（陈享光，2016）。列宁的金融资本理论强调了工业资本垄断是金融资本形成的基础，并且认为金融资本是资本主义发展到帝国主义阶段的核心特征（杨长江，2015）。按照列宁的观点，银行资本与产业资本高度融合，形成具有托斯拉、卡塔尔等垄断形式的金融垄断集团。银行从资本的中介者演变到金融垄断集团，控制了社会上绝大多数的资本，主导了经济发展。

---

① 马克思恩格斯选集：第二卷，［M］．北京：人民出版社，2012：588.
② 希法亭．金融资本［M］．北京：商务印书馆，1994：85.

二、现代经济发展中的金融资本

现代经济发展中，活跃的金融创新为金融资本提供了多变的新形式，"新自由主义"思潮下的自由政策也使金融资本有了广袤的生存空间。金融资本的形态和内涵都发生了改变，学术界对"现代金融资本"也做出了新的分析。

一些学者认为，现代市场经济中，金融市场的快速发展使得多种融资方式并存，银行与企业的关系并不像希法亭所说的那样紧密，因此，当代的经济金融化和虚拟化与金融资本并没有关系（Epstein，2005；Krippner，2005；Lapavitsas，2009；斯威齐，1997）。另一部分学者认为，当代多样化的金融形式都应构成金融资本的组成部分，金融资本或垄断金融资本应该包括垄断性商业银行资本、垄断性保险公司资本、投资银行等（David，1982；Delaunay，1992；吴大琨，1993）。

Perez（2002）认为，金融资本代表了以货币或者其他账面资产形式持有财富的那些当事人的标准和行为。她继承了 Schumpete（1939）的思想，认为金融资本有助于新技术的扩散，但会导致经济泡沫和金融危机，金融资本与产业资本的关系会周期性地变化。当技术进步时，金融资本会同产业资本分离，流向具有新技术的企业，支持新技术的运用和传播，同时也通过分享创业利润实现了较高的收益率。但是，当新技术部门的创业利润难以满足金融资本的收益要求时，"金融资本变得极富创新性"，能够不需要实体经济的支撑而实现自我增值。狂热的金融资本不断炒作资产，导致了资产泡沫。泡沫集聚到一定程度就会破灭。随后，金融资本在受到重创之后会重新回归与产业资本的适度结合。Perez 的研究阐述了金融资本对实体经济的周期性作用，但是，对金融资本行为的驱动因素没有做出详细的分析。

国内一些学者主张金融资本能够促进经济发展，如李敏（1996）认为，由于融合和控制产业资本的金融资本可以实现对经济生产全过程的监督和控制，因此，在社会主义市场经济下积极发展金融资本有利于国民经济发展。王定祥等（2009）认为，基于社会分工的需要，金融资本从产业资本和商业资本中裂变出来，金融资本适度形成是经济稳定增长的必要条件，而形成不足或过度均会损害经济的稳定增长。

国内另一些学者则继承了马克思主义经济学的观点，对金融资本进行了批判，认为金融资本的过度发展会诱发经济危机和衰退。金融资本的产生、发展和不断膨胀为国际金融危机的频繁爆发埋下了祸根（蔡万焕，2011）。金融资本本应该是实体经济发展的"黏合剂"，但它"脱实向虚"引起经济空心化，从而引发了经济衰退和金融危机（康文峰，2013）。王庆丰（2013）认为，现代金融资本不依赖实体经济也能获得自身的增值，金融资本高杠杆运作的增值方式必然导致经济危机的爆发。胡立法（2011）认为，金融资本对收入分配的主导以及对投资的决策决定了资本主义经济发展的内在不稳定性。向松祚（2014）则指出，当前世界经济"脱实向虚"，金融资本的积累大大快于产业资本的积累，导致收入差距扩大和贫富分化不断加剧。

学术界关于金融资本、经济金融化、经济虚拟化的研究是本研究的理论基础。本研究从金融部门资本收益率不断上升且高于非金融企业资本收益率这一规律性的现象出发，分析我国金融资本的运动规律，揭示经济"脱实向虚"、金融资本过度膨胀的原因。

三、金融部门资本收益率与企业利润率的关系

马克思在《资本论》第三卷中对利率[①]和利润率的关系进行了讨论。他认为，利润分为利息和企业主收入两部分，因而利率是总小于利润率的。随后的马克思主义经济学家在讨论金融部门（主要是银行）收益率时，总是用利率和利润率来做比较。一般而言，银行贷款利率是小于企业利润率的，这是企业借贷的必要条件。但是，利率并不能代表银行的资本收益率，银行的资本收益率是利息收入减去吸收存款的利息成本，然后除以它的自有资本。比较银行的资本收益率和企业资本收益率的关系更有必要性，这才是决定资本在金融业和实体行业之间流动和转换的动因。

李秉溶（1985）认为，尽管银行资本不参与社会利润率的平均化的过程，银行的资本收益率也应该与社会平均利润率相等。陆岷峰、张惠（2012）指出，金融产业利润率超过实体经济利润率，将导致经济空心化、民间高利贷市场泛滥和金融系统性风险集聚，不利于经济发展。王永立（2013）对美国1963—2010年实体经济部门和金融部门的利润率进行了实证分析，他发现，美国金融部门资本收益率长期高于非金融企业资本收益率，过度发达的金融部门制约了其实体经济部门的发展，使大量资本从实体经济部门流向金融部门，为金融危机埋下了伏笔。

关于我国金融部门利润率高于实体经济部门的原因，学术界给出了以下几种解释。第一，金融业低成本、创新力强的固有特征使其具有大量的创新利润（肖斌等，2013）。第二，我国高利差的长期存在、金融规模的不断膨胀和银行

---

① 马克思常把"利率"表述为"利息率"，二者是等价的。

业杠杆的不断提高，维持了金融业的高利润（陆岷峰、张惠，2012）。第三，金融业的垄断议价能力使其能够主导贷款利率的制定，从而获取垄断利润。第四，政策障碍、市场扭曲和监管缺位制约了银行资本平均利润率向实体经济利润率的趋同（宋军，2014）。

学术界关于金融部门和实体经济部门利润率关系的探讨，一方面指出了金融部门资本收益率高于非金融企业资本收益率对经济的危害，另一方面也给出了一些形成这一现象的原因。然而，这些研究并未解析其具体的影响机制，也没有给出严谨的数理论证和经验分析。本研究从金融资本的政治经济学分析出发，运用现代经济学的分析方法，构建模型对金融部门相对收益率不断上升的原因进行分析，并利用实证分析方法对金融部门资本收益率的合理区间进行估计，探索金融资本的逻辑及其对经济发展的影响。

第二节　金融与经济的关系：金融发展理论的分析

一、金融发展理论的形成

（一）金融发展理论的萌芽

20 世纪 60 年代以前，学者们对金融与经济的关系持有四种不同的观点。第一，银行体系通过向企业家提供购买设备的资本，推动了工业化进程，促进经济增长（Bagehot，1888；Gurley 和 Shaw，1967；Hicks，1969；Schumpeter，1939）。第二，货币借贷行为会导致贫富差距扩大，进而引起社会不稳定，对经济发展有危害（柏拉图，1986）。第三，不当的银行活动可能会阻碍经济发展，只有"慎重"的银行活动才能促进国民财富的积累（Smith，1776）。第四，金融发展是经济增长的结果和表现，因此，金融发展对经济增长没有特别的作用（Robinson，1952）。60 年代以前，学术界关于金融与经济的关系看法各异，但已经指出了金融体系促进经济发展的不同途径。与此同时，马克思主义经济学认为，金融对经济发展的作用存在二重性，一方面能够促进经济发展，另一方面也会加剧经济危机，这对本研究具有重要的指导意义。

（二）戈德史密斯的金融发展理论

第二次世界大战以后，西方发达国家的经济复苏进程受到资金短缺的约束，学者们越来越关注经济发展中的金融问题。戈德史密斯在《金融结构与发展》一书中，首次对 35 个国家金融体系 103 年的数据进行了比较分析

（Goldsmith，1969）。戈德史密斯的分析方法是独特的，他对金融体系的各个层次进行解构，对金融工具、金融机构和国民财富的分布和比例关系（即金融结构）进行了比较分析，发现了金融发展的一般性规律。他认为，金融上层结构的发展要快于国民生产的发展，但是二者的关系最终将保持平衡；发展中国家的金融相关比率低于发达国家，金融相关比率主要受到储蓄投资的影响；金融机构发行和持有金融资产的比率会一直上升，狭义货币与国民财富的比例会先上升后下降；随着经济的发展，银行体系在全部金融机构中的资产份额趋于下降。

（三）第一代金融发展理论

第一代金融发展理论是麦金农和肖等经济学家基于新古典主义经济学，针对发展中国家广泛存在的金融抑制问题提出的金融发展理论。其中最具代表性的理论是麦金农的"金融抑制论"（McKinnon，1973）和肖的"金融深化论"（Shaw，1973），学术界常称之为"金融二论"。

20世纪60年代和70年代之间，在两次石油危机的直接影响下，发达国家普遍出现了经济衰退和通货膨胀并存的现象。统治全球半个世纪的凯恩斯主义受到了极大的挑战。在这一背景下，麦金农和肖关注到发展中国家的金融体系普遍存在一种现象，即实际利率被人为压低，而导致社会储蓄需求下降、储蓄投资转化不足、信贷资源配置效率下降，从而阻碍投资和经济增长。这种现象就是"金融抑制"。解决金融抑制的办法就是全面放开金融管制，推进金融自由化改革，让原本被人为压制、扭曲的利率灵活地变动起来，真实地反映金融市场中资金供求关系。这一理论的提出顿时引起了学术界的极大反响。只有使实际利率重新变回正值，才能实现金融体系动员储蓄的功能，才能实现金融深化，才能推动发展中国家的经济发展甚至是经济赶超。在金融深化理论的指导下，发展中国家纷纷放弃了严格的金融监管和抑制政策，在全世界范围内掀起了一股金融自由化的浪潮。中国从20世纪80年代开始的一系列改革也受到了这一理论的影响。

此后，一些学者在麦金农和肖的分析框架下，以新古典主义经济增长模型为基础，从不同的角度对金融深化促进经济增长的效果和机制进行了分析（Fry，1978；Galbis，1977；Kapur，1976；Mathieson，1980）。他们认为，银行信贷和企业流动资金的获取决定了投资的规模与效率，从而决定了经济增长。

总体而言，第一代金融发展理论以"金融深化"为核心，受到新古典主义、自由主义的影响，反对国家干预主义和凯恩斯主义，强调金融规模自由增长对经济增长的重要作用。在金融史上，第一代金融发展理论具有重要的地位，但也具有时代的局限性，表现在对金融体系发展的内在逻辑和外在表现缺乏历史的、系统的分析。

二、金融发展理论的发展

（一）第二代金融发展理论

20 世纪 80 年代，一方面，随着以戴维·罗默和罗伯特·卢卡斯为代表的内生经济增长理论的诞生，另一方面，随着交易成本经济学和信息经济学的出现，本西文加（Valerie Bencivenga）、莱文（Ross Levine）、格林伍德（Jeremy Greewood）和史密斯（Bruce Smith）等学者针对金融机构和金融市场的起源和发展进行分析，并比较二者对经济增长的不同影响，提出了一系列更深层次的观点，形成了第二代金融发展理论，也被称为内生金融发展理论。

第一代金融发展理论更多地关注了金融增长和金融深化，而较少地关注金融效率。第一代金融发展理论认为市场是完美和确定的，不存在交易成本、信息不对称和不确定性，因而金融效率不存在差异。当我们改变假设，将信息不对称、交易成本和不确定性纳入分析时，就会发现金融效率变得十分重要。第二代金融发展理论构建含有微观机制的模型，主要考察了金融中介出现的原因，金融中介、市场与经济增长的关系，金融中介与金融市场的差异，以及信息不对称、交易成本影响金融机构效率的方式。根据理论假设的不同，我们可以把这些研究分为三类：基于交易成本的研究、基于流动性冲击的研究和基于信息不对称的研究。

第一，基于交易成本的研究。Benston 和 Smith（1976）较早地对金融中介和交易费用进行了分析。他们认为，金融商品事实上是帮助消费者进行消费的跨期转换和规模转换。而由于规模效应的存在，金融中介在提供金融产品时将这种转换的交易成本降低了，因此，金融中介机构的存在是为了降低直接融资的交易成本。Diamond（1984）与 Freixas 和 Rochet（1997）对融资的监督成本进行了建模，证明了即便考虑金融中介活动的代理成本，金融中介机构仍然能够有效降低交易成本。尽管金融市场属于直接融资，事前搜寻和事后监督的交易成本应该是比金融中介高，但是，依然有学者认为金融市场也能够有效降低交易成本而促进经济增长。Greenwood 和 Smith（1997）的模型考察了金融市场的内生形成。他们认为，金融市场的固定成本和参与成本导致了金融市场的形成，但是，只有当融资需求达到了一定阈值时，这一市场才会成立，并且金融市场的发展能够有效降低交易成本而促进经济增长。

第二，基于流动性冲击的研究。由于经济存在着不确定性，因而决策者无法对未来的经济情况进行准确的判断。由于投资行为存在着短期的流动性短缺的可能，这种不确定性就导致风险相对厌恶的投资者寻求短期流动性的支持，于是金融中介机构出现了。Bencievenga 和 Smith（1991；1998）的模型证明了由于不确定的流动性冲击存在，金融中介机构能够为经济主体提供短期流动性，因而能提高经济体存活的成功率，促进经济增长。Dutta 和 Kapur（1998）建立的模型，也是强调金融机构能够为具有流动性偏好的经济主体提供流动性服务，从而减少流动性约束对消费的不利影响。

第三，基于信息不对称的研究。在完美的金融市场中，不存在信息不对称。信息不对称会导致掌握信息的人具有信息优势，获得信息租金，而没有掌握信息的人也会通过与对手的博弈行为，从而出现逆向选择和道德风险问题。阿克洛夫（Akerlof，1970）提出了著名的"柠檬理论"，阐明了信息不对称和逆向选择带来的问题。由于不了解商品信息的消费者只能按照平均情况来支付价格，高于平均水平的商品均退出了市场，最终使留在市场上的商品均为低于平均水平的商品。Brealey 等人（1977）通过构建一个基于道德风险的模型，证明了金融中介机构存在的必要。金融中介机构可以帮助投资者监管企业的行为，让企业不能违反约定从事高风险的活动，保护了投资者的利益。Stiglitz 和Weiss（1981）研究了因信息不对称而导致的信贷配给问题。由于逆向选择和道德风险，市场中的均衡利率会低于供需平衡时的均衡利率，从而自然地产生信贷缺口，导致信贷配给现象出现，有资格贷款的企业拿不到银行的资金，从而阻碍了经济增长。

信息不对称会引起信息租金，也可能引起逆向选择和道德风险而增加了交易失败的可能性。金融机构能够凭借其专业能力和规模效应，有效地缓解信息不对称问题。但是，值得提出的是，1997 年东南亚金融危机之后，银行的道德风险引起了学者的关注。监管要求的提高并未降低风险，而是使银行将监管成本转嫁到了贷款利率中。因此，Hellmann 等人（2000）指出，银行的道德风险将导致银行效率下降，因而实施金融约束政策是有意义的，这就是"金融约束论"。

基于市场不完全假设的第二代金融发展理论，更多地关注了金融体系的效率，而不仅仅是金融规模的增长，金融体系通过克服信息不对称问题、降低交易成本和提供流动性支持而促进了经济增长。在第一代金融发展理论的基础上，迈出了重要的一步，使金融发展理论更加实用和健全。

（二）金融结构与经济增长关系的争论

第二代金融发展理论对金融机构和金融市场起源进行了分析。这些分析引起了学者们对金融体系结构与经济增长关系的争论。一部分学者主张，类似于德国和日本的、以银行为主导的金融体系能够更好地动员储蓄、配置资源和降低交易成本，有助于经济增长；另一部分学者主张，类似于英国和美国的、以市场为主导的金融体系，能够避免银行体系的低效率、信息不对称，并且促进技术创新，推动经济增长。这两类主张分别形成了银行主导论和市场主导论两类理论。

在银行主导论的支持者看来，银行主导型金融体系在动员储蓄、选择项目、监督企业和管理风险等方面具有积极作用（Levine，1997），更有利于经济增长。首先，对于个人投资者而言，把资金存入银行的风险比投入到金融市场的风险更低，因此，银行在动员储蓄方面具有更强的优势。其次，银行能够发挥其甄别企业家和项目的作用，通过为这些最具有创新性的企业家和项目提供资金来促进技术进步和经济发展（Schumpeter，1939）。再次，在制度环境不完善、法律体系不健全的情况下，强有力的银行能够迫使企业按时归还贷款和及时披露信息，因而银行的作用比市场更重要（Gerschenkron 和 Others，1962）。与个人投资者相比，银行能够凭借专业的技术和渠道掌握企业更多的信息，从而具有更强的监督企业的作用（Diamond，1984）。最后，银行具有更专业的投资技术和更雄厚的资金规模，从而能够有效地进行资产组合配置和风险管理。银行主导论也指出了市场主导型金融体系的缺点。高度发达的金融市场会迅速公开信息，降低了个人投资者获取信息的积极性（Stiglitz，1985）。高度发达的金融市场使得上市公司的并购重组变得容易，可能损害了企业的稳定和发展。个体投资者的"羊群效应"和大量的投机行为会使金融资产的泡沫增加和风险聚集，增加金融资产暴跌乃至发生金融危机的可能性。此外，流动性很大的金融市场还会引起投资者的短视，投资者只会紧盯股价，而不积极监管企业管理层的行为（Lin，2012）。

在市场主导论的支持者看来，市场主导型金融体系在信息透明化、价格发现、推动科技创新、管理风险以及改善企业管理等方面具有积极作用。首先，金融市场中的激烈竞争使企业信息更加公开透明，金融市场的相关制度也要求金融市场中的企业主体及时披露其财务信息。信息透明程度提高，会降低信息租金，从而节约交易成本，提高企业的盈利能力。其次，金融市场能够通过竞争来促进金融资产的价格发现。在有效市场假设下，市场竞争能够促进价格机制的形成，在自由的市场交易中，金融资产的价格会由供求关系决定。完善的价格机制有利于资源的有效配置，从而促进经济发展。再次，市场主导型金融体系下的激烈竞争会迫使企业不断研发创新，培养核心竞争优势，在推动科技创新和技术进步方面发挥更大的作用（Allen 和 Gale，2001）。最后，金融市场中存在着多样化的金融产品和投资项目，投资者能够通过有效的资产组合来进行风险管理（Levine，1991）。此外，在市场主导型金融体系中，上市公司存在被收购的风险，因此它们会不断完善企业管理，提高企业运营水平，提升企业绩效（Stulz，2001）。市场主导论也指出了银行主导型金融体系的不足。尽管银行能够帮助投资者有效地选择投资项目，但是银行比企业具有更强的议价能力，从而通过收取信息租金而削弱了企业的盈利能力，并阻碍了企业创新和发展（Rajan，1992）。银行还会偏好低风险的投资项目，因而常常只投资给实力雄厚的大企业，而使中小企业难以获得足够资金。

（三）第三代金融发展理论

在金融结构与经济增长关系的讨论中，一种新的声音逐渐显露出来，即金融结构是银行主导型还是市场主导型与经济增长没有显著关系，更重要的金融因素应该是法律制度的健全程度，或金融功能的优劣。这两种观点分别形成了法律金融观（或制度金融观）和金融功能观。

Levine（2002）对银行主导型和市场主导型金融体系进行了对比，发现尽管金融发展和经济增长之间有显著的相关关系，但是没有任何证据支持哪一种金融体系始终更好一些。如果市场融资和银行融资都具有相同的成本和摩擦，那么这二者之间的比例就不会影响经济运行。从投资者角度看，在资本市场完善、市场主体风险中性的情况下，利率决定了哪些投资机会更加值得利用。如果两种融资方式的选择都是无障碍的，利率高的项目会被投资者所选择（Stulz，2001）。Thakor（1996）认为，金融市场与金融中介之间是一种互补关系，不应关注金融结构的变化。国内学者也持有类似的观点，认为金融结构的"互嵌"和"耦合"能够更好地促进经济发展（李健等，2012；李健、范祚军，2012）。

长期以来，学术界中存在着"是制度影响经济增长，还是人力资本影响经济增长"的争论。以 Andrei Shleifer 为代表的经济学家主张最影响经济增长的是制度（Glaeser et al.，2004），而以 Daron Acemoglu 为代表的经济学家主张最影响经济增长的是人力资本的积累。在制度决定经济增长观点的基础上，La Porta、Lopez－de－Silanes、Shleifer 和 Vishny 四位经济学家提出了一种新的观点，即法律金融观（Porta et al.，1996）。他们认为，一个好的金融体系必须建立在完善的金融法律和健全的金融制度上，金融法律和制度才是决定金融体系能否促进经济增长的根本因素。

Merton 和 Bodie（1995）提出了金融功能观。金融功能观认为，各国的金融结构不仅体现了该国的金融发展水平，而且受到该国文化、社会等多方面因素的影响，因此金融功能会比金融结构更好地反映金融发展水平，从而对经济增长的影响更为显著。决定经济增长的最关键因素是整个金融体系所发挥出的金融功能，而不是金融结构。Merton 和 Bodie（2004）融合了新古典理论、新制度理论和行为经济学等三种理论，提出了功能和结构金融观（Functional and Structural Finance）。该观点认为，金融体系的设计应当兼顾结构与功能，而金融结构应是内生在金融体系中的。可以看出，一般性的"金融结构无关论"强调，在理想的金融体系中，由于银行和市场的金融功能都是最优的，因此究竟银行主导多一些还是市场主导多一些都没有差别；而金融功能观以及此后的功能和结构金融观都关注的是金融结构这一形式背后的金融功能实质对于经济增长的影响。

三、对金融发展理论的反思

进入 21 世纪后，学术界开始有一种新的声音，金融发展与经济增长的关系不是单调线性的，随着金融创新的频繁和金融发展的深入，金融对经济的负面作用越来越突出。2008 年国际金融危机爆发以后，越来越多的经济学者、政府官员都开始对金融发展理论进行反思。

一部分学者认为，随着金融发展水平的不断提升，金融发展对经济增长的促进作用会减小或消失。如 Rioja 和 Valev（2004）的研究发现，金融发展处于中等水平时，可以极大地促进经济增长；而当金融发展水平较高时，其虽然仍对经济增长有促进作用，但影响程度要小很多。Rousseau 和 Wachtel（2011）的实证研究发现，私人部门信贷规模占 GDP 的比重超过一定规模后，金融发展对经济增长的作用就消失了。

而另一些学者则认为，金融发展对经济增长是有负面作用的，当金融发展到一定水平后，这种负面作用会超过金融发展对经济的正面作用，从而使金融发展抑制经济增长。De Gregorio 和 Guidotti（1995）在利用跨国面板数据研究金融深化与经济增长关系时最先发现，虽然金融深化总体而言是促进经济增长的，但当金融深化水平上升到一定程度后，过度金融深化则会降低投资效率而抑制经济增长。随后，Easterly 等人（2001）的实证研究较早地指出了当私人信贷占 GDP 比重超过 100% 以后，经济波动就会加剧。2008 年全球金融危机之后，国际清算银行的 Cecchetti 和 Kharroubi（2012）以 5 年平均的私人部门信贷余额与 GDP 之比作为金融发展指标，以 5 年平均的劳动人均 GDP 增长率作为经济增长指标，通过对 50 个发达国家和新兴国家 1980 年至 2009 年的数据进行分析，结果显示金融发展与经济增长的关系曲线呈现倒"U"形。他们认为，当金融发展水平较低时，金融发展促进经济增长；当金融发展水平较高时，金融发展会抑制经济增长。类似地，Arcand 等人（2015）通过对1970年至2000年的数据进行分析，得出当私人部门信贷余额占 GDP 的比例超过100% 时，金融发展就开始对产出增长产生负面影响。

胡海峰、倪淑慧（2013）针对学术界研究金融发展过度问题的文献进行了详细的综述，并指出当前的研究只针对金融发展的规模指标进行分析，指标选择过于粗略，并且当前的研究并未解释出金融发展过度对阻碍经济发展的深层次原因。

早年的文献大多认为金融发展与经济增长的关系总是正相关的，但是近年来，学者们发现，金融发展，尤其是金融规模的提升并不一定促进经济增长。一方面，我们需要反思，金融发展为什么与经济增长的关系不再是线性正相关了；另一方面，我们要反思，金融规模的提升是否能够代表金融发展的全部方面。我国私人信贷占 GDP 比重已经超过 1.5，为什么金融体系中仍然存在着金融效率不高、金融工具种类少、金融制度不健全等多种问题？从金融部门资本收益率和非金融企业资本收益率的关系入手，就有可能找到这些问题的答案。

第三节 金融部门与非金融企业的资本收益率

一、金融部门资本收益率的决定因素

资本收益率（Return on Equity）是衡量金融机构利润率或盈利能力（Profitability）的重要指标之一。银行作为最重要的一种金融机构，学术界对其盈利能力的研究最为集中。因此，本节重点综述与银行盈利能力有关的文献。银行盈利能力的决定因素包括银行内部因素和外部环境因素两类，学术界分别从这两个角度展开了研究。

（一）银行内部因素

银行内部因素包括银行的资产结构和负债结构等。Hester 和 Zoeliner（1966）最早对银行盈利能力进行了实证研究，他采用1956—1959 年美国堪萨斯地区的银行数据进行了分析，结果表明，银行资产规模的提升有利于银行盈利能力的提高，但是负债规模的上升对银行盈利能力有显著的负面作用。随

后，一些学者从银行的资产结构、负债结构等角度寻找解释银行盈利能力差异的原因。Fraser 和 Rose（1971）对德克萨斯州 78 个城市的银行 1966 年和 1967 年两年的数据分别进行了横截面回归分析，研究表明银行的存款、贷款结构等与银行盈利能力的关系不显著，仅有银行规模对盈利性有显著促进作用。Fraser 等人（1974）改用新的相关性分析方法，指出银行的人工成本因素比市场结构因素更能解释银行盈利能力的差异。这些研究都是从银行内部因素出发分析单个银行之间收益率的差异。但是，仅从个体银行的异质性因素出发，难以解释整个金融部门的高收益率。

（二）银行业市场结构

银行业市场结构指的是银行的集中度（Concentration）。较高的银行业集中度，反映了少量银行控制了大多数的资本、资产和业务，体现了垄断性。根据微观经济学原理，垄断厂商能够获得垄断利润，类似地，银行业的集中度也能够影响银行业的盈利能力。在银行集中度究竟如何影响银行盈利性的问题上，学术界有几种不同的看法。

第一，基于"结构—执行—绩效"（Structure – Conduct – Performance）框架的观点。该观点认为，市场集中度越高，银行就更容易合谋（Collusion），进行统一定价，从而获得垄断利润。基于这一观点，在一个集中度较高的行业，所有银行的盈利性都较高。第二，基于"相对市场力量"理论的观点。该观点认为，当银行业集中度很高时，仅有市场力量更大的银行能够左右价格的制定而获得超额利润。因此，市场集中度较高的银行业中，大银行盈利能力强，而小银行盈利能力反而变弱。这一观点暗含了银行集中度与银行盈利性相关性不强，而是市场份额（Market Share）决定了银行的盈利能力的观点。第三，基于"X 非效率"（X – Inefficiency）理论的观点。根据市场结构理论，当银行业集中度高时，大银行因垄断能力强，而放松了内部管理和技术创新，从而导致经营效率下降。故市场份额大的银行也未必能够获得超额利润。第四，基于"规模经济"的观点。市场份额较大的银行因单位资产成本降低，实现规模经济效应，从而能够获得更好的盈利性。

针对以上四种观点，学术界进行了大量关于银行集中度、市场份额和银行盈利能力的实证研究，但结论各异。Gilbert（1984）对此前关于银行集中对银行绩效的研究进行了综述，56 个估计中，有 27 个估计发现集中度对银行盈利性有显著促进作用，而剩下 29 个都不显著。随后，Smirlock（1985）利用 2700 家银行的数据对银行集中度、市场份额和盈利能力的关系进行了检验，发现在控制市场份额的情况下，银行集中度与银行盈利能力之间没有显著关系，故市场份额是决定银行盈利能力的重要影响因素。他给出的解释是，银行集中度很可能并不是导致银行盈利性高的原因，而是银行行为的结果。Berger（1995）把 X – 效率、规模效率、市场份额和银行集中度同时放到回归方程中来考察各种因素的重要性，分析结果表明，市场份额和 X – 效率都对银行盈利能力有统计上的显著影响，但是解释力并不大。

Nier（2000）利用欧洲和美国的跨国面板数据对该问题进行了进一步检验，支持了银行集中度对银行业盈利性的促进作用。随后，Joen 和 Miller（2002）分别采用不同国家的样本进行了实证分析，进一步强有力地证实了银行集中度提高对银行盈利能力的促进作用。可是，Berger 等人（2004）对美国银行业的新数据进行了分析，支持了 Smirlock（1985）的结论，在控制市场份额之后，银行集中度与银行盈利能力关系被削弱了。

此前的分析虽然都拿出了经验证据，可是没有考虑到不同子行业的不同特征，大多是利用银行层面的数据来分析。针对这一问题，Tregenna（2009）区分了商业银行、储蓄银行等不同的子行业，对美国银行业 1994—2005 年的数据进行分析，分别检验了四种不同的观点。他的分析结果表明，银行集中度越高，银行业的盈利能力越强，而效率、市场份额对银行盈利能力的影响不显著。这支持了上述的第一种观点。

这些研究都指出了，当银行业市场集中度提高、银行业垄断程度上升时，银行盈利性更强，揭示了银行业市场结构的变化是影响金融部门资本收益率的重要因素之一。但是，这些研究并未对引起银行业市场结构集中度提高和垄断程度上升的原因进行研究，未能从本质上揭示出金融部门资本收益率上升的原因。

（三）其他宏观环境因素

Demirguc – Kunt 和 Huizinga（2000）对金融结构、金融发展与银行盈利能力的关系进行了分析。他们发现，金融发展程度较低的国家，银行业盈利能力较高；金融发展程度较高的国家，由于银行竞争的增加，反而使银行业盈利能力下降。股票市场的发展对银行的盈利能力有正向作用，可能是因为股票市场发展程度提高使企业违约风险下降，从而减少了银行的不良贷款，增加了银行的盈利能力。最后，在分别控制了银行信贷发展程度和股票市场发展程度后，金融结构与银行盈利能力的关系不显著。Tan 和 Floros（2012）运用中国的银行数据分析了通货膨胀、金融发展和银行盈利能力的关系，结果表明通货膨胀率越高，银行盈利能力越强，金融发展对银行盈利有正向促进作用。

二、非金融企业资本收益率的决定因素

非金融企业资本收益率衡量了非金融企业盈利性。学术界把影响非金融企业盈利性的因素分为了三个层面：国家层面（Country – level）、产业层面（Industry – level）、企业层面（Firm – level）（Goddard et al. , 2009）。国家层面主要是指企业母国的经营环境、宏观政策、经济状况等因素，产业层面主要是指企业所处的行业或产业的市场结构、产业特征、竞争情况和市场门槛等因素，而企业层面即从管理学的角度所分析的公司治理、运营管理、营销管理、研究创新、战略选择和企业文化等因素。学术界大量的文献分别从这三个层面展开了研究。

（一）国家层面因素

在经济全球化背景下，跨国公司所掌握的资源和面对的客户越来越趋于同一化，企业绩效应该也趋于收敛。然而，归属于不同国家的企业在经营表现上和盈利能力上仍然表现出很大的差异，这使学者们开始更加关注公司所在国或母国的特征和因素对企业盈利性的影响。国家层面的因素主要包括资源禀赋、金融和技术条件、制度和监管框架、贸易开放程度和市场准入等（Wan 和 Hoskisson, 2003），还包括经济周期、法律体系和区域合作关系。

North（1990）认为，经营环境存在的生产机会集合是由生产要素和制度决定的，企业就是在这些生产机会的集合中寻找能够盈利的机会。然而，由于不同国家的生产要素禀赋差异较大，制度环境各不相同，因此，由它们决定出的生产机会集合自然也不相同。传统经济学分析中主要强调生产要素的国别差异，但制度经济学家强调制度因素也是影响企业盈利性的重要因素（Clague, 1997；Eggertsson, 1990）。生产要素带来的影响就包括了各国的资源禀赋、科技创新和技术进步等。而制度因素，则主要包括政治环境、金融体系、监管框架、贸易开放程度等。

法律起源是影响企业盈利性的一种重要的国家层面因素。法律起源决定了法律对股权所有人和债权所有人的保护程度，从而影响到了银行和股票市场的资源配置效率，对资本可得性、资本配置、企业估值和金融稳定都有一定的影响。Beck 等人（2003）认为，在对个人投资者产权保护程度较好的国家，经济绩效会更加的有活力，制度和法律更健全，因而投资者能够快速适应不断变化的经济条件和投资机会。

此外，经济波动趋势的不同也会导致不同国家企业盈利性的差异。当贸易壁垒消除之后，知识和技术进步将能够更容易地在国际间转移，因此，需求冲

击会对每一个国家都有相同的效果（Frankel 和 Rose，1998）。

（二）行业层面因素

基于"结构—执行—绩效"框架，Bain（1956）和 Porter（1980）指出，行业层面因素对企业的盈利性有重要影响，如行业的集中度、经济规模、进入和退出的门槛等。产业结构性特征会影响到企业的行为，从而影响到企业的盈利性（Bain，1951；Mason，1948）。早期的产业组织理论（Industry organization）就指出，产业结构对企业绩效具有影响。管理学中的一个最重要的理论，即 Porter（1980）提出的"五力"模型认为，竞争的程度、潜在进入者的威胁、替代品的威胁、消费者的议价能力和供应商的议价能力将会决定企业的经营环境，从而影响到企业的决策和绩效。

在指标选择和度量方面，文献分析企业盈利性影响因素时，常采用行业增长、行业集中度、资本密集程度、广告密集度等变量来作为行业因素，但是 Ravenscraft（1983）认为，这些指标大多是无用的，采用行业盈利水平的均值就足以代表行业层面的因素（Schmalensee，1985）。

（三）企业层面因素

企业层面的因素主要是指企业自身所拥有的资源、企业经营管理水平、公司治理解构、财务结构等，也包括企业文化、企业战略和企业间合作。企业层面的因素能够解释不同企业的盈利性差异。Hawawini 等人（2004）通过实证数据发现，企业层面的因素比国家层面的因素更重要。

根据资源基础理论（Resource – based view），企业的特质性要素决定了企业的盈利性（Barney，1986；Wernerfelt，1984）。资源基础理论把组织结构和管理实践作为企业盈利能力异质性的来源（Barney 和 Arikan，2001；Barney 和 Hesterly，2006；Newbert，2007）；把资源分为基于产权的资源和基于知识的资源两类（Miller 和 Shamsie，1996）。Demsetz（1973）认为，产业结构不是影响企业绩效的主要因素，个体企业的战略决策更加重要。个体企业在产品价格和非价格因素上的竞争优势影响了企业绩效水平的差异，而企业的内部资源就维持了这种竞争优势。

与资源基础理论强调资源不同，另一些研究强调了企业的能力是影响企业盈利性的重要因素。企业能力理论把企业管理的不同职能看成是能力，如运营能力、营销能力、研发能力等。他们认为不同企业之间能力的异质性决定了企业绩效。此外，还有一类文献研究动态能力。动态能力被定义为整合资源来应对市场环境变化，帮助企业形成核心竞争力的能力（Day，2011；Eisenhardt 和 Martin，2000）。静态的资源只有被转变为动态能力后，才能创造企业的竞争优势，从而实现更优秀的财务绩效（Teece et al.，1997）。企业各种各样的动态能力被文献归纳为三类：第一类是创新能力（Terziovski，2007），指的是企业通过配置资源实现企业产品设计、新产品开发和商业流程创新的能力。第二类是信息管理能力，指的是企业能够运用前沿的信息技术，捕捉市场信息的能力（Hulland et al.，2007；Nakata et al.，2011）。第三类是关系管理能力，指的是企业能够调配资源，对客户进行客户关系管理，并同战略合作者保持联盟和合作的能力（Kale et al.，2002；Leischnig et al.，2014）。

在一个股东控制分散程度高的企业，控股股东能够控制企业，却只能获得企业盈利的一小部分现金流。Bebchuk（1999）称之为少数控制结构（controlling minority structure）。一般而言，越分散的股权控制结构，会使控股股东占用更多的企业资源（Shleifer 和 Vishny，1997）。由于控股股东的权利大于控股股东的收益，股东在作决策时，就会牺牲小股东的利益。La Porta 等人（2002）的实证研究发现，股权控制集中度更高的企业拥有更好的企业绩效。当股权结构趋于分散时，企业的盈利性和股票收益率都将较低（Lemmon 和 Lins，2003；Mitton，2002）。

企业融资结构也是影响企业盈利性的重要因素之一。现有研究认为，负债对企业盈利性有双重影响，既可能促进企业盈利性的提升（Hurdle，1974），也可能使企业的盈利性下降（Gale，1972；Hall 和 Weiss，1967）。当企业有富余的现金流时，负债会有惩罚效应，从而阻碍企业盈利性（Jensen，1986；Stulz，1990）。当负债水平较高时，由于逆向选择和道德风险的存在，有限责任制度会使股权投资人选择高风险、高回报的投资项目。但是，负债的违约风险能够激励企业减少无效投资，从而提高企业绩效和企业寿命。

三、金融部门资本收益率、非金融企业资本收益率与经济增长

关于金融部门相对收益率与经济增长的关系，学术界鲜有研究。基于现有的金融发展与经济增长的分析框架，一些学者对银行盈利性和经济增长的关系进行了分析。Ferreira（2013）采用格兰杰因果检验，发现银行的资产收益率、资本收益率与经济增长互为因果关系，表明金融部门资本收益率与经济增长有正相关关系。但是，Al Khulaifi 等人（1999）认为银行盈利性提高仅是经济增长的格兰杰原因。Mirzaei 和 Moore（2015）利用卡塔尔的数据，发现在控制了传统金融发展指标的情况下，银行盈利性提高对经济增长的影响并不显著。此外，学术界还发现，银行对盈利性的过度追求将提高银行的信贷供给，但也可能引起信贷泡沫（Duenwald et al.，2005）。由此可见，金融部门资本收益率与

经济增长的关系是不确定的。

关于非金融企业盈利性与增长率关系，现有研究的结论也不一致。一般而言，产业的盈利性与增长率是正相关的两类经营目标（Geroski et al.，1997），但是从"委托—代理"问题的角度看，经理人更加重视增长性，而股东更加重视盈利性。高利润率目标往往会要求企业保持温和的增长（Ramezani et al.，2002），高盈利低增长的企业比低盈利高增长的企业能够实现更加长期的绩效（Branch 和 Rivard，2014）。也就是说，较高的非金融企业资本收益率并不一定会导致较高的经济增长率。

结合以上两方面文献看，现有研究尚未对金融部门相对收益率与经济增长的关系达成共识。提高金融部门资本收益率能够促使金融机构加速资本积累，为非金融企业提供更多的金融资源，促进信贷规模增加和金融深化，但可能会导致企业融资成本上升、金融效率下降而阻碍经济增长；非金融企业资本收益率较高能够为企业积累资本和加大研发投入提供资金保证，但可能会因重视盈利性而忽视了短期的产出增长。

第三章

中国金融部门资本收益率的
纵向变化与横向比较

清朝末年，我国建立了第一家中国人自己的银行——中国通商银行。当时的银行主要由清政府主导和建立，地方民营银行的数量和规模都较小。封建帝制被推翻之后，中国金融业处于官办垄断时期，民国官僚资本家渐渐控制了全国的金融业。1947年，"四行二局一库"的贷款占全国总量的91.7%（王广谦等，2008）。中华人民共和国成立以后，在相当长的时间内，全国的金融业主要由中央政府接管，我国实行"大一统"的金融体制。以上这些时期，规模数据尚可考据，金融部门资本收益率的有关数据难以获得。因此，本章着重考察改革开放以来金融部门资本收益率的历史变化，并比较金融部门资本收益率与实体经济有关收益率的关系。

第一节　金融改革进程中金融部门资本收益率的变化趋势

按照王广谦等（2008）的划分，中国金融改革进程包括三个时期：改革起步时期（1978—1993年）、全面推进时期（1994—2002年）和深化健全时期（2003年至今）。本节分别分析这三个时期的金融部门资本收益率变化情况。

一、改革起步时期的金融部门资本收益率

1978年，随着经济体制改革全面启动，国民经济的方方面面都要求银行增加资金供给和增强金融服务，原有"大一统"的、配给式的金融体制难以

满足经济发展的需要①。1979 年，中国农业银行、中国银行、中国人民建设银行（今中国建设银行）从中国人民银行分离出来，标志着金融体系多元化改革的正式开始。

改革起步时期的金融改革，大体可以分为前后两个阶段：1978—1984 年和 1985—1993 年。在前一阶段，金融改革的主要政策是把专业银行从中国人民银行中剥离出来，使中国人民银行只承担中央银行的职能，改变中国人民银行"政企不分，一身二任"的不合理状况，由专业银行进行存贷活动。1984 年，中国工商银行从中国人民银行中分离出来，至此，我国形成了中央银行制度和四大专业银行的二级银行体制。在后一阶段，为了解决四大专业银行缺乏竞争、效率低下的问题，为了满足不同类型企业的融资需要，中国政府开始进行专业银行的商业化改革，并在一定程度上放开银行的准入限制。

受数据可得性的限制，本研究难以获得 1978—1993 年统一口径②的数据，分别采用两种口径来绘制 1978—1988 年和 1985—1993 年金融部门资本收益率。第一种口径是按照《中国金融年鉴》中《国家银行资金平衡表》计算的金融部门资本收益率情况。如图 3 - 1 所示，金融部门资本收益率从 1980 年以后呈现持续的上升趋势。

在计划经济"大一统"时期，国家对资金的量和价都进行了严格行政控制，银行的利润率受到政府严格管制。与此不同，金融改革初期，专业银行从中国人民银行中分离出来，能够根据自己的经营状况自主选择贷款业务和贷款量。尽管利率从总体上依然是国家规定的，但是在面对不同类型的企业（国有企业、集体企业和乡镇企业等）时，专业银行对贷款的决定有一定的自主权。竞争不够充分就使专业银行获得了一定的垄断性利润。因此，这一阶段金融部门资本收益率得到不断提升。

---

①　在计划经济的特定历史背景下，我国实行了"大一统"的金融体制：中国人民银行既承担中央银行的职能，又充当全国唯一的金融机构，统一管理和实施金融活动。全国资金统收统支，一切投资和融资活动均按照国家计划执行。尽管这样的金融体制能够有效促进政策指令的上传下达，能够提高国家政府对经济全局的控制力，但是资源配置效率较低，阻碍了金融对实体经济的支持。在"大一统"时期，金融资本是由国家政府统一分配和管理的。存贷款利率是由国家行政规定的，不能反映市场供给和需求，金融资本的收益率大多已经被政策决定。

②　在 1980—1988 年的国家资金信贷平衡表中，单独列明了本年结益和净资本两个科目，其他年度的该表中将这两个科目合并报告，因此本研究仅能得到部分年份下这一口径的金融部门资本收益率。自 1985 年起，国有银行的资产负债表和损益表都在《中国金融年鉴》中报告，因此本研究以此口径计算了工、农、中、建、交五大国有银行的资产收益率和净资产收益率，作为全国金融部门资本收益率的替代变量。

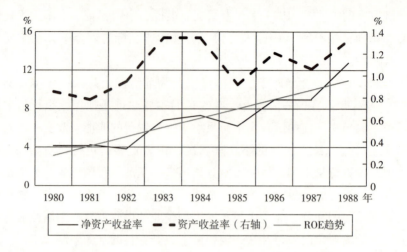

数据来源：1986—1989 年《中国金融年鉴》。图中的净资产收益率（ROE）就是金融部门资本收益率。根据《国家银行资金平衡表》中的本年结益、资本净值和资产总计计算。

图 3 - 1　1980—1988 年中国金融部门平均资本收益率

此外，如图 3 - 1 所示，1980—1988 年资产收益率上升了约 2 倍，而资本收益率上升了约 3 倍，这表明银行业杠杆率在上升。在持续盈利的情况下，专业银行的自有资本不断积累和上升，银行杠杆率上升也意味着资产比资本上升得更快。

另一种口径是采用《中国金融年鉴》中中国工商银行、中国农业银行、中国银行、中国人民建设银行和交通银行的数据对金融部门资本收益率进行估算。如图 3 - 2 所示，1985 年和 1986 年金融部门资本收益率是微微上升的，但随后一直在波动中不断下降。这一数据趋势与这一时期的金融改革政策密切相关。1984 年，随着中国工商银行的建立，四大国有专业银行开始承担着各自的特殊定位，不同业务领域之间有着严格的界限。业务的垄断性使银行之间竞争不足，银行经营效率下降，不能满足经济改革的资金需求。在这一背景下，国家果断地推出了改革策略，要求专业化银行向多功能综合性银行转变，同时降低银行业准入门槛，鼓励银行业竞争。1987 年 7 月，国务院放开了商业银行准入限制，恢复了交通银行，并批准了一系列股份制商业银行成立，如中信实业银行、招商银行、深圳发展银行、华夏银行等。竞争格局的形成促进了银行业竞争，减少了垄断，使金融部门资本收益率呈现出下降趋势。

这一阶段金融资本运行所带来的收益具有两个特征：第一，金融部门的资本收益率显著高于资产收益率。五大国有商业银行的平均净资产收益率（即

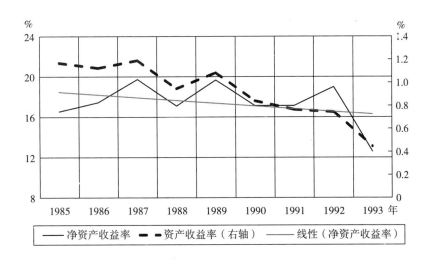

净资产收益率　━ ━ 资产收益率（右轴）　────线性（净资产收益率）

数据来源：1985—1994 年《中国金融年鉴》。根据工、农、中、建、交五大国有银行的资产负债表和损益表整理计算得到，其中交通银行的数据自 1987 年成立起纳入。

图 3 - 2　1985—1993 年五大国有银行平均资本收益率

资本收益率）持续处于两位数，远高于当时的存款利率（见表 3 - 1）。也就是说金融资本的收益分配较多地向银行自有资本倾斜，储户的回报率较低。第二，不同金融机构之间的资本收益率差距较大。如表 3 - 2 所示，工商银行、中国银行和交通银行的净资产收益率较高，而农业银行和人民建设银行的净资产收益率较低。这反映了不同的国有商业银行在竞争环境中，由于经营管理水平的差异，金融部门资本收益率也会不同。

表 3 - 1　　　　　　　　1979—1993 年存贷款利率一览表　　　　单位：%

年份	存款利率				贷款利率			
	活期储蓄存款	一年期储蓄存款	企业活期存款	企业一年期存款	工业流动资金贷款	商业流动资金贷款	农业生产费用贷款	固定资产贷款
1979	2.16~3.60	3.96	1.8		5.04	5.04	2.16~4.32	2.16~4.32
1980	2.88~4.32	3.96~5.76	1.8		5.04	5.04	2.16~4.32	2.16~4.32
1981	2.88~4.32	4.32~6.48	1.8		5.52~5.04	2.52~5.04	2.16~4.32	2.16~4.32
1982—1983	2.88~4.32	4.32~6.48	1.8	3.6	3.6~7.2	3.6~7.2	4.39~7.20	4.32~5.76
1984	2.88~4.32	4.32~6.48	1.8	3.6	3.6~7.2	3.6~7.2	5.76~7.92	7.2~7.92
1985	2.88~6.12	5.40~7.20	1.8	4.32	3.6792	3.6~7.92	5.76~10.8	7.92~10.8
1986	2.88~6.12	6.12~8.28	1.8	4.32	7.92	3.96~7.92	7.2~10.8	7.92~10.8
1987	2.88~6.12	6.12~8.28	1.8	5.04	7.92	3.96~7.92	3.96~10.8	7.92~10.8

续表

年份	存款利率				贷款利率			
	活期储蓄存款	一年期储蓄存款	企业活期存款	企业一年期存款	工业流动资金贷款	商业流动资金贷款	农业生产费用贷款	固定资产贷款
1988	2.88~6.48	7.20~9.72	2.88	8.64	9	9	7.92—10.8	7.92~10.8
1989	2.88~6.48	7.20~9.72	2.88	8.64~11.34	9	9	7.92~10.8	7.92~10.8
1990	2.16~2.88	7.20~13.14	2.88~2.16	11.34~8.64	11.34~7.92	11.34~7.92	1.34~7.92	3.60~12.00
1991	1.80~2.16	6.12~10.08	1.80~2.16	7.56~8.64	8.64~9.36	8.64~9.36	8.64~9.36	8.46~11.16
1992	1.8	6.12~8.82	1.8	7.56	8.10~8.64	8.10~8.64	8.64	8.46~9.72
1993	1.80~3.15	6.11~12.24	1.80~3.15	7.56~10.98	8.10~10.98	8.10~10.98	8.64~10.98	8.46~14.04

数据来源：1994年《中国金融年鉴》。

表3－2　　　　　　　1985—1993年五大国有银行净资产收益率对比　　　　　单位：%

	农业银行	工商银行	中国银行	交通银行	建设银行
1985	4.8	31.5	24.6		7.4
1986	4.8	33.4	25.6		6.6
1987	5.9	37.6	35.0	3.2	6.8
1988	6.2	32.9	20.7	7.1	6.4
1989	4.8	43.0	16.2	30.0	6.2
1990	4.3	31.5	16.8	32.3	6.4
1991	5.2	33.2	18.5	6.0	5.7
1992	5.8	29.7	19.3	35.5	10.9
1993	9.3	10.3	16.5	35.6	6.5

数据来源：1985—1994年《中国金融年鉴》。根据工、农、中、建、交五大国有银行的资产负债表和损益表整理计算得到。

　　随着金融改革的实施和推进，多种非银行金融机构①开始广泛设立，如信托投资公司、保险公司等。除1979年设立的中国国际信托投资公司外，中国民族国际信托投资公司、中国光大国际信托投资公司、中国信息信托投资公司也相继设立，中国银行、工商银行和农业银行也设立了相应的信托投资公司。关于保险业，有中国人民保险公司和太平洋保险公司先后在这一时期设立。这些不同类型金融机构的设立，使我国的金融资本形式也变得多元化。此外，

----

　　①　由于这一时期非银行类的金融机构和市场资本规模较小，对金融部门平均的资本收益率影响不大，因此，本研究未对非银行金融机构的收益率进行统计和分析。

1992 年，我国成立了上海证券交易所，标志着金融市场也逐步建立。

二、全面推进时期的金融部门资本收益率

随着《中国人民银行法》和《商业银行法》的颁布实施，我国金融业的改革进入了一个新的时期。如果说 1978—1993 年的改革是把中国人民银行的央行职能独立出来，是把经营存贷款业务的银行独立出来，那么 1994 年开始的金融改革就是让中国人民银行发挥好中央银行的职能，让商业银行真正商业化，使其转变为社会主义市场经济体制下的市场化金融机构。在支持国有企业融资的背景下，我国政府推动了证券业和金融市场的迅猛发展。证监会、保监会相继成立，以"分业监管"为方针的金融监管体系逐渐形成，这标志着我国金融改革在金融风险防范方面迈出了重要的一步。

（一）银行业改革与金融部门资本收益率

1994 年，国家开发银行、中国进出口银行和中国农业发展银行等三家政策性银行相继成立，为有国家政策性导向的、经济发展重点扶持的投资项目提供了政策性融资支持，为商业银行的商业化创造了条件。1995 年，《商业银行法》一经颁布，五大国家专业银行的商业化进程明显提速，大量商业化改革政策和措施应声落地。这些改革措施大体包括两个方面。

第一，建立公司制，完善法人制度和治理结构，使国有银行转变为现代企业。2002 年，《中共中央关于国有企业改革和发展若干重大问题的决定》强调了商业银行是企业，必须按照企业改革的思路来办，必须按照产权清晰、权责明确、政企分开、管理科学的要求，把国有商业银行改造成治理结构完善、运行机制健全、经营目标明确、财务状况良好、具有较强国际竞争力的现代金融企业。

第二，加强风险管理，建立授信制度，剥离银行不良资产，并充实银行资本金。银行业商业化改革促进了市场竞争，导致银行利润率下降，进而引起资本金不足。同时，受东南亚金融危机影响，银行不良贷款率节节攀升，银行业风险逐渐增加。在此背景下，国家出台了一系列风险管控措施，旨在使银行业风险可控，以防出现"一管就死、一放就乱"的情况。

图 3-3 报告了 1993—2002 年两种口径下的金融部门资本收益率，一种口径是五大国有银行的平均资本收益率，另一种口径是上市银行的平均资本收益率。由于 2000 年以前五大国有银行均未上市，且上市银行数量有限，因此，这段时间的上市银行数据不具代表性。结合两种口径下的金融部门资本收益率，我们可以得到以下几点启示：第一，银行的经营状况自 1994 年起有所好

转，金融部门资本收益率缓慢上升，改变了1992年因银行业激烈竞争而导致的下降趋势。第二，这一时期，上市银行的资本收益率远高于非上市银行，这反映了我国不同银行的经营管理水平差异较大。第三，受到1997年亚洲金融危机影响，金融部门资本收益率有大幅下降趋势。

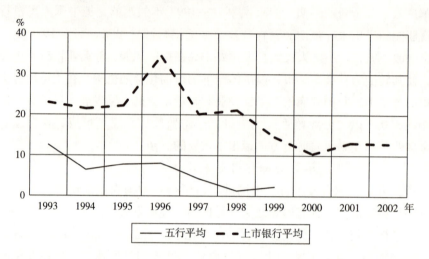

注："五行平均"是根据1994—2000年《中国金融年鉴》工、农、中、建、交五大国有银行的资产负债表和损益表整理计算得到的。"上市平均"是根据国泰安上市企业数据库中的银行企业合并计算得来。由于2000年以前的上市银行较少，因此，数据的代表性不强。

图3-3　1993—2002年银行业金融部门平均资本收益率

在金融改革的进程中，国家既要把握金融市场化的节奏，又要注意政治背景和经济环境，考虑经济周期的影响。因此，这一时期的金融部门资本收益率是波动下行的。银行业竞争使金融部门资本收益率下降，而银行商业化改革和治理结构的改善会使金融部门资本收益率上升。亚洲金融危机影响了我国的实体经济，金融业也受到了一定的影响，经济增长率和金融部门资本收益率因此双双下滑。政府的干预政策，尤其是授信额度和剥离资产这两项政策措施，有效控制了银行业风险，避免出现金融危机，但是，这些政策却使国有银行成为受行政控制的"商业银行"，并没有成为真正的市场化金融企业，为2000年以后金融部门资本收益率的不断攀升埋下了伏笔。

（二）证券业改革与金融部门资本收益率

在金融改革的这一时期，证券、期货等非银行类金融机构和市场也发展迅速。1996年，随着证券业经营环境的改善，证券公司业务经营增长迅速，经济效益好转，抵御风险能力也大大加强。证监会加大监管力度，对证券公司的内控制度建设、风险管理提出了要求。1999 年，《证券法》出台并正式实施。国家对证券公司进行分类管理，并实施牌照限制。只有获得了国务院证券监督管理机构颁布的业务许可证，才能合法从业。受到申请牌照的限制，证券业发生大规模兼并重组，综合实力也不断加强。

图 3－4 展示了非银行金融机构的资本收益率。不难发现，证券业资本收益率快速上升到 1995 年的 30% 后，便持续下降，直至 1999 年跌至低谷。与银行业类似，证券业资本收益率也受到了外部环境的影响。在实体经济疲软和金融改革的双重影响下，资本收益率持续下降。《证券法》的出台，以及随之而开始的大规模并购重组浪潮，提高了证券业的竞争力，从而抑制了证券业资本收益率下降的态势。

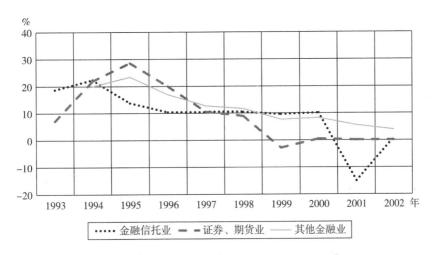

数据来源：国泰安上市企业数据库中的非银行企业合并计算得来。

图 3－4　1993—2002 年非银行金融部门平均资本收益率

三、深化健全时期的金融部门资本收益率

2003 年以后，国有商业银行的股份制改革、资本市场的股权分置改革以及利率和汇率的市场化改革逐步实施和推进，中国金融体系改革朝着市场化方向不断发展。一系列的改革措施，使我国银行逐步适应了现代市场经济环境，转变为市场化的股份制商业银行，也使金融市场不断成熟，利率、汇率等资金价格逐步得到放开，市场配置资源的有效性大大增强。

2001 年，我国成功加入世界贸易组织（WTO），这也为中国银行业带来了挑战。2002 年全国金融工作会议决定对国有商业银行进行股份制改造，成立

了专门的改革小组，全面部署和执行改革措施。改革的目标是改革管理体制，完善治理结构，转换经营机制，促进绩效进步，提高国有商业银行的国际竞争力，为放开外资银行业准入做准备。

2003—2004 年，中国银行和中国建设银行率先进行了股份制改革试点。国家利用财政资金成立了中央汇金公司，对这两家银行进行投资控股，用外汇储备补充银行资本金。随后，对两家银行进行股份制改革，改善公司治理结构，按照现代股份制企业制度进行改革。最终在 2004 年 8 月，中国银行、中国建设银行相继成功改组为国有独资股份有限公司。在前期经验的基础上，工商银行在 2005 年也完成了股份制改造过程。为了加快上市进程，各家国有商业银行在全球范围内，寻找并引进战略投资者，以加快提升经营管理水平和服务水平，更好地树立国家形象，全面增强综合改革效果（杨德才，2009）。随后，在 2005—2006 年，这三家银行都成功在上海、香港的股票市场挂牌上市。

银行业的加速改革，也影响着金融部门资本收益率。图 3 - 5 展示了 2000—2014 年我国上市银行平均资本收益率（净资产收益率）和资产收益率。这一时期，银行业资本收益率呈现出持续上升的态势，直到 2012 年才出现缓慢下降的趋势。

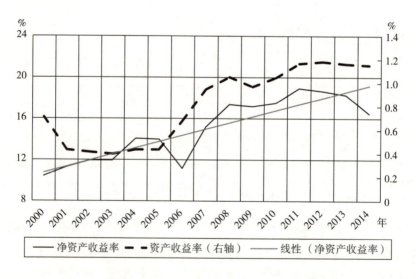

数据来源：国泰安经济金融数据库。

图 3 - 5 2000—2014 年银行业平均资本收益率和资产收益率

四、改革开放以来金融部门资本收益率的变化趋势

在三个时期分别进行测算的基础上，图 3 - 6 报告了改革开放以来我国不同口径下银行业资本收益率。受到数据可得性的限制，我们无法获得同一种口径下所有年份的数据，而且在有些年份，不同口径的数据差异很大。[①] 这也反映了不同银行之间的异质性较强。为了能够看到这 35 年间金融部门资本收益率变化的整体趋势，我们对同一年份不同口径的指标进行了平均调整，得到了图 3 - 6 中的粗实线。

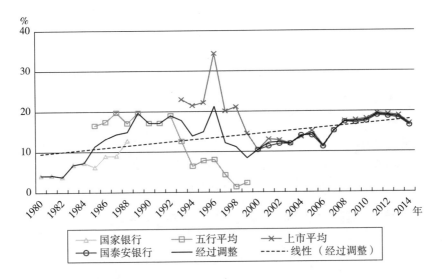

注："国家银行"根据《中国金融年鉴》中《国家银行资金平衡表》计算得来；"五行平均"根据《中国金融年鉴》中工、农、中、建、交五大行加权平均计算得来；"上市平均"根据国泰安上市企业数据库中的银行业计算得来；"国泰安银行"根据国泰安经济金融数据库中的所有银行加权平均计算得来。"经过调整"是不同年份、不同口径下银行净资产收益率的平均值。

图 3 - 6　1980—2014 年银行业金融部门资本收益率（净资产收益率）

从长期趋势看，以银行业作为金融部门的代表，我国金融部门资本收益率呈现了不断上升的趋势，从 1980 年的 4.1% 增长到 2014 年的 16.7%，翻了两番，实现了约 12% 的年平均增长率。在金融改革的第一时期，金融收益率呈

---

① 这是因为不同口径对的统计范围不同，如 1993—1999 年，上市的银行较少，仅有平安银行、浦发银行、招商银行、民生银行，它们处于上市初期，业绩较好，而国有五大银行正处于商业化阶段，还未进行股份制改革，相对而言不如上市银行盈利能力强。

现出持续上升的趋势，是因为被"大一统"金融体系长期压低的金融部门资本收益率逐渐回归真实值。在金融改革的第二时期，金融部门资本收益率逐渐下降，是缘于国家大刀阔斧的商业化改革。那么，在第三时期，在市场化改革不断深入的情况下，金融部门资本收益率为什么反而会不断上升呢？不断上升的金融部门资本收益率背后有着怎样的经济逻辑？第四章将对此做出分析。

第二节　金融部门资本收益率与实体经济相关收益率的比较

上一节从时间维度上比较了 1978 年以来我国金融改革不同阶段金融部门资本收益率的变化情况，这一节将从空间维度上比较金融部门资本收益率与实体经济收益率的关系。通过趋势性描述统计分析能够捕捉金融部门资本收益率的内在演变机制，而横向比较有助于理解金融资本与实体经济关系的变化。本节选取了四种不同的实体经济收益率：总资本回报率、经济增长率、非金融企业资本收益率和非金融企业投资金融活动的收益率。

一、金融部门资本收益率和总资本回报率的比较

企业需要劳动和资本这两种生产要素进行生产活动，生产创造的价值在资本和劳动中分配，其中劳动的收益率是工资率，资本所实现的收益率就是资本回报率。一国总资本回报率，也即 Piketty（2014）、白重恩和张琼（2014）等研究中所测算的资本回报率，它对应了一国所有资本要素投入的回报。这些资本要素投入主要是实物资本，也包括帮助企业实现实物资本投资的金融资本。实物资本分享的总收益是金融资本获得收益的来源。非金融企业为金融资本提供的收益，也就是非金融企业的融资成本。与 Piketty 关心资本回报率与经济增长率的关系不同，本研究更关心资本回报率与金融部门资本收益率的关系。

图 3-7 展示了 1980—2014 年金融部门资本收益率与总资本回报率之间的关系。参考 CCER（2007），本研究以非金融企业净利润与总资产之比（即非金融企业的 ROA）计算总资本回报率。采用微观数据计算的原因是，根据产出和生产函数直接度量的资本回报率包含了资本带来的社会效益，较实际的资本回报率偏高，与微观数据测算的金融部门资本收益率缺乏可比性。与 CCER（2007）和张勋、徐建国（2014）所发现的现象类似，资本回报率的确呈现了

"U"形曲线，在2000年前后开始逐年上升。

如图3-7所示，金融部门资本收益率是远高于总资本回报率的。但是，这并不意味着企业就承担了比利润率更高的融资成本。如果企业的决策是符合规律的，即平均融资成本小于息前利润率（约等于总资本回报率），那么，归家庭所有的那部分资本就获得了极低的收益率。

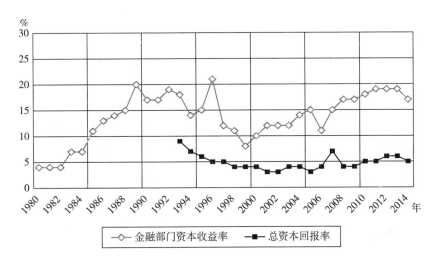

注：金融部门资本收益率即图3-6中的"经过调整"。总资本回报率根据CSMAR上市非金融企业净利润除以总资产计算。

图3-7　1980—2014年金融部门资本收益率与总资本回报率对比

在从"计划经济"向"市场经济"的转型中，随着利率市场化改革的不断深入，各类存、贷款利率已经基本实现了市场化。在计划经济时期，扭曲、压低存款利率和贷款利率是为了使我国的重工业建设能够获得廉价的资金支持，使家庭、金融业为工业部门让利。然而，随着市场经济改革不断取得新的成绩，贷款利率和贷款供给的决定权很大程度上掌握在商业银行自己手中，扭曲僵化的存款利率成为了导致金融部门资本收益率高涨的元凶之一。

二、金融部门资本收益率与非金融企业资本收益率比较

非金融企业资本收益率反映了实体经济的经营效率和盈利性，比较金融资本与非金融企业资本收益率，有助于我们发现金融资本的运动规律。最终进入生产的产业资本（主要是实物资本）是非金融企业能够实质支配的资本，但是这些资本并不完全归非金融企业所有。在不考虑政府的情况下，产业资本获得的总资本收益，将在金融部门、居民部门和非金融企业部门的自有资本

（或净财富）之间进行分配①。非金融企业分得的部分除以其自有资本就是非金融企业资本收益率。

为了分析行业间的资本收益率差异，本研究对比了金融部门资本收益率和工业、商业、房地产业的非金融企业资本收益率，如图3-8所示。受数据可得性限制，本研究仅选用国泰安上市企业数据库的数据来测算。从这20年的数据来看，工业、商业和房地产业的资本收益率是此消彼长地拧在一起的，且基本保持了相同的趋势，并没有一个行业存在长期高于另一个行业的趋势。

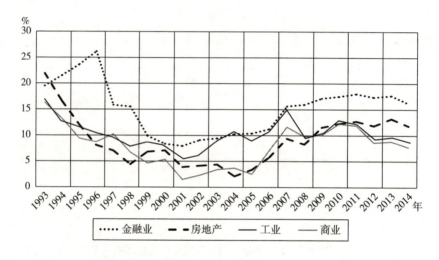

数据来源：国泰安上市企业数据库（CSMAR）。

图3-8　1993—2014年中国主要行业的资本收益率

当某一行业的收益率较高时，资本会从其他行业流入该行业。由于资本边际收益率递减规律，不断膨胀累积的资本会使资本的收益率下降到与其他行业一致。这是古典经济学的规律，即不同行业的长期利润率应该均衡。但是，从图3-9中大小关系看，金融部门资本收益率显著高于其他行业。如果说2006年以前，我国五大国有商业银行还没有完成股份制改造，还不能算作真正的市场化银行，那么2006年以后，为什么金融部门资本收益率仍然显著高于非金融企业资本收益率？这令人深思。

---

① 如导论中第二节所分析的，社会总实物资本约等于各个主体的净财富之和。其中，只有非金融企业的实物资本 K_2 能够进入生产过程。K_2 从创造的财富中分享的收益即总资本收益，经过若干中间过程后，最终会在各个主体的净财富之间分配。

考虑到我国股票市场形成之初上市公司较少，以上市公司的样本来代表所有企业的总体情况有些不够稳健，本研究重点关注 1998 年之后的数据。将 1998—2014 年金融部门资本收益率与非金融企业资本收益率作差，就得到了金融部门相对收益率，描绘如图 3 - 9 所示。我们看到，金融部门相对收益率不仅均大于 0，并且持续上升，与时间的拟合程度（R_2）达到 0.69。这表明，这一时期金融部门资本收益率与非金融企业资本收益率的差距以每年约 0.47 个百分点的速度扩大。

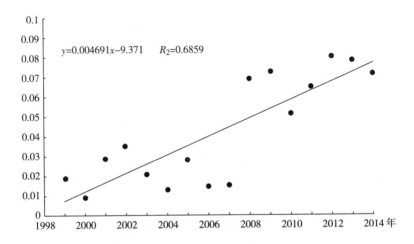

数据来源：国泰安上市企业数据库（CSMAR）。

图 3 - 9　1998—2014 年中国金融部门相对收益率

从 2001 年开始，金融部门资本收益率和非金融企业资本收益率同步上升。受到国际金融危机的影响，非金融企业资本收益率自 2008 年起开始缓慢下降，相反，金融部门资本收益率却不断上升，直至 2014 年才开始有下降的势头。一般而言，金融危机不仅会导致实体经济遭受损失，也会使金融体系因大量的不良贷款而遭到重创。2008 年国际金融危机之后，金融部门与实体经济收益状况的背道而驰，有悖于通常的经济原理。

三、金融部门资本收益率和经济增长率的比较

改革开放 30 多年来的经济高速增长与金融发展密不可分。国内外大量学者论证了经济发展与金融发展的同步性，而且，其中大部分学者认为金融发展具有先导作用，推动经济的发展。从改革开放初期的金融资本匮乏，到如今的金融资本充沛甚至过量，金融部门资本收益率与经济增长有怎样的关系，十分

值得关注。

　　图 3 - 10 展示了金融部门资本收益率与经济增长率的关系。从平均水平来看，金融部门资本收益率是高于经济增长率的。这类似于之前的结论，金融部门在经济发展中分享了更多的经济果实。此外，我们发现金融部门资本收益率与经济增长率的周期性趋势并不一致，尤其是在 1985—1994 年、2007—2013 年两个阶段，经济增长率与金融部门资本收益率几乎呈现负相关关系。相反，在西方高收入国家，金融部门资本收益率与经济增长率的趋势却是相对更吻合的。

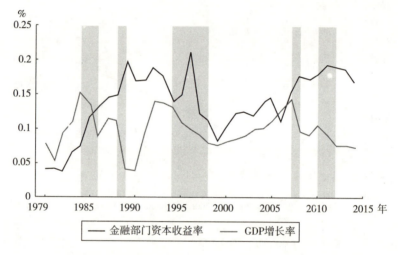

注：金融部门资本收益率是银行业的平均净资产收益率，计算方式与图 3 - 8 一致。实际 GDP 增长率来自中经网数据库。

图 3 - 10　1980—2014 年金融部门资本收益率与经济增长率

　　图 3 - 10 中的阴影部分代表的是改革开放以后中国经济增长率骤降的几个时期。我们发现，除 1994—1998 年经济"软着陆"之外，其他四次经济的迅速减速，均伴随着金融部门资本收益率的迅速上升。也就是说，从经济周期的视角看，在经济相对衰退的时期，金融部门资本收益率反而呈现增长趋势。这与欧美等发达国家的经验不一致。在欧美等国，当经济下滑时，企业违约概率上升，导致银行不良贷款率上升，金融部门资本收益率应该是下降的。关于这一问题，本研究第六章第四节会做出进一步的分析。

　　前文提到，中国的金融部门资本收益率与非金融企业资本收益率有较大的差异，那么，金融部门资本收益率超过非金融企业资本收益率是否与经济减速有关呢？本研究首先利用图 3 - 9 的数据，计算了 1998—2014 年的金融部门相对收益率，接着对实际 GDP 增长率进行了差分（ΔGr _ GDP），最终得到如图 3 – 11 所示的散点图。我们发现，当金融部门相对收益率更高时，经济往往处于更大的减速阶段。从图 3 – 11 中可以看到，当经济处于上升通道时，金融部门资本收益率与非金融企业资本收益率大多相差不超过 4 个百分点。图 3 – 11 中唯一的离群点是 2008 年，这与全球金融危机有关。

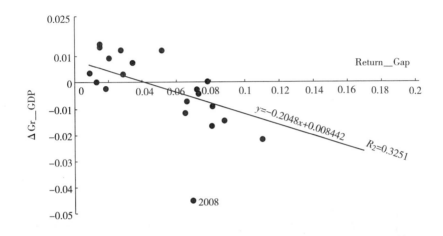

注：GDP 增长率来自中经网数据库。金融部门资本收益率和非金融企业资本收益率来自国泰安上市企业数据库（CSMAR）。图中的横轴"Return _ Gap"是某年的金融部门资本收益率和非金融企业资本收益率之差，纵轴"ΔGr _ GDP"是某年的实际 GDP 增长率与上年实际 GDP 增长率之差。图中的直线是线性趋势线，简单 OLS 回归结果中"Return _ Gap"系数的显著水平为 0.007。

图 3 – 11　金融部门相对收益率与经济增长率增幅

　　为了进一步验证结果，考察金融资本相对非金融企业资本收益率与经济增长的关系，我们还构造了简单的 OLS 回归模型。在表 3 – 3 中，本研究采用金融部门相对收益率 Return _ Gap、金融部门资本收益率与非金融企业资本收益率之比 FR/RR 两种方式度量金融部门的超额收益。Gr _ GDP 和 ΔGr _ GDP 分别代表经济增长率的水平值和一阶差分。如表 3 – 3 回归结果（2）所示，Return _ Gap 的系数为 – 0.174，在 5% 的显著水平上显著。这表明金融部门资本收益率相对非金融企业资本收益率增加 1 个百分点，经济增长率下降 0.174 个百分点。回归结果（3）～（5）采用金融资本与非金融企业资本收益率之比 FR/RR 度量，得到了同样的结论。因此，无论是采取哪种度量方式，金融部门资本收益率相对非金融企业资本收益率更高时，经济增长率更低。

表3－3　　　　　　　　　　金融部门相对收益率与经济增长

变量	(1) ΔGr _ GDP	(2) Gr _ GDP	(3) Gr _ GDP	(4) Gr _ GDP	(5) Gr _ GDP
Gr _ GDP（－1）		0.785 ***	0.721 ***	0.702 ***	
		(0.131)	(0.124)	(0.130)	
Return _ Gap	－0.205 ***	－0.174 **			
	(0.0677)	(0.0675)			
FR/RR			－0.0170 **	－0.0176 **	－0.0192 *
			(0.00604)	(0.00624)	(0.00992)
Year				－0.000252	
				(0.000433)	
Constant	0.00844 *	0.0283 **	0.0522 ***	0.560	0.129 ***
	(0.00463)	(0.0129)	(0.0153)	(0.874)	(0.0163)
Observations	21	21	21	21	22
R － squared	0.325	0.671	0.687	0.693	0.157

注：括号中是标准差，$***p<0.01$，$**p<0.05$，$*p<0.1$。

　　当然，我们无法证明因果关系，简单 OLS 回归模型只能表明，经济增长率的变化与金融部门相对收益率存在负相关关系。当经济处于下行通道时，国家的宽松货币政策可能使金融业的资产业务迅速膨胀，贷款利率相对贷款量不敏感时，金融业的收益率就会上升。但是，也存在另一种可能，即当国家看到经济出现过热现象，便出台紧缩性政策，导致金融资本供给出现不足，从而使金融资本价格上升，进而使金融部门资本收益率上升，同时，实体经济融资成本提高，导致经济减速。这两种可能性都是存在的，需要通过进一步分析，才能得到正确的解释。本研究在第六章会对金融部门相对收益率与经济增长率的关系做进一步的讨论。

四、企业金融投资收益率与生产经营回报率的比较

　　从企业生产经营的视角，比较投资于金融活动而实现的收益率和从事实体经济生产经营活动而实现的回报率，有助于我们分析金融资本与产业资本的收益率究竟是如何影响企业经营的。受数据可得性的限制，本研究无法获得全部企业的数据，因此，借助国泰安上市企业数据库中收录的所有非金融行业上市企业的经营数据进行测算。

本书参考刘珺等（2014）度量非金融企业参与银行业务的方式，采用企业资产负债表中类金融资产平均值来度量非金融企业的金融投资额。具体地，选取交易性金融资产、买入返售金融资产、可供出售交易资产净值、发放贷款及垫款和持有至到期投资五个科目作为估算金融投资总额的依据，这些科目加总后计算期初和期末的平均值作为当期的金融投资总额。同时，选取扣除关联企业投资收益的投资净收益来度量金融投资的收益。加总每个报告期内所有企业的金融投资收益和金融投资总额，相除计算出金融投资的收益率。关于企业的实体经济生产经营回报率，本研究选用营业利润除以总资产和净资产来度量，分别求出主营业务总资产收益率和主营业务净资产收益率。类似地，总资产和净资产也分别采用期初和期末平均值作为当期的值，然后再加总各企业的数据，即可得出平均的实体经济生产经营回报率。

表 3-4 展示了 2000 年到 2014 年，上市非金融企业从事类金融投资的规模和收益情况。可以看出，类金融投资业务上升非常迅速，15 年间已经翻了10 多倍，从 2000 年的 376.57 亿元增长到 2014 年末的 4 710.68 亿元，占我国 2014 年 GDP 总量的 0.8%，规模不容忽视。这表明，越来越多的企业在经营实体生产之外，将资金投向了金融活动；产业资本再从实物资本中抽离出来，逐渐转向金融资本。但是，迫于投资渠道的限制和金融业行政管制的存在，这些产业资本需要通过特殊的渠道进行类金融投资，这就为影子金融的发展提供了广阔的空间。

表 3-4　　2000—2014Q4 企业参与金融投资收益率与生产经营回报率

年份	类金融资产规模（亿元）	金融投资收益率（%）	主营业务总资产收益率（%）	主营业务净资产收益率（%）
2000	376.57			
2001	390.94	28.96	5.93	6.91
2002	351.38	24.57	5.73	7.71
2003	473.50	31.30	7.33	10.48
2004	250.55	23.91	8.94	12.09
2005	188.45	46.31	8.55	10.36
2006	816.86	51.01	8.91	16.99
2007Q2	476.46	77.83	6.12	13.81
2007Q4	1 674.91	40.79	13.30	29.90
2008Q2	2 075.02	15.57	5.33	11.57
2008Q4	1 340.68	26.09	3.16	6.91

续表

年份	类金融资产规模 （亿元）	金融投资收益率 （%）	主营业务总 资产收益率（%）	主营业务净资产 收益率（%）
2009Q2	1 241.39	33.85	4.30	9.56
2009Q4	1 751.17	25.07	7.55	17.41
2010Q2	1 934.25	17.57	4.67	11.14
2010Q4	1 985.42	25.05	5.40	12.94
2011Q2	2 149.11	25.31	5.10	12.31
2011Q4	2 017.42	85.93	6.30	15.43
2012Q2	2 158.89	41.53	3.83	9.57
2012Q4	2 355.74	21.74	3.26	8.22
2013Q2	2 426.55	29.44	3.36	8.57
2013Q4	2 481.02	31.68	3.42	8.80
2014Q2	2 725.90	39.54	3.26	8.40
2014Q4	4 710.68	19.12	2.99	7.67

数据来源：2000—2006 年数据引自刘珺等（2014），2007—2014 年数据为作者根据国泰安上市企业数据库按同样口径和方法计算整理得来。

更为重要的是，非金融企业的类金融投资收益率平均达到了34.64%，远超过主营业务净资产收益率（11.67%）和资产收益率（5.76%）。收益率的巨大差距，正揭示了非金融企业大量从事类金融业务的原因。资本是逐利的。若在扣除了风险成本和调整成本之后，投资金融活动仍然能够比扩张实体生产更有利可图，企业家们就会将产业资本转化为金融资本形式，投向金融活动。

上市非金融企业从事类金融投资业务的形式主要包括股票、债券、基金、信托、委托理财和委托贷款，其中委托理财和委托贷款的规模呈不断上升的趋势。据刘珺等（2014）统计分析，包括中央企业和地方国有企业在内的国有企业参与委托理财的规模占总上市非金融企业规模的78%。这表明，大量具有较强融资能力和充沛现金流的国有企业，由于自身经营的低效率，转而将产业资本投向了相对风险较低而收益率较高的金融业，使产业资本执行了金融资本的职能。

第三节　本章小结

通过梳理金融部门资本收益率的时间趋势，并与不同口径下非金融企业资本收益率和实体经济增长率进行比较，本章总结出以下几个典型事实：

第一，1978—2015 年，金融部门资本收益率长期高于非金融企业资本收益率。按照古典经济学的长期均衡观点，不同行业的资本收益率应该趋于均衡，然而，从长期看，中国金融部门资本收益率都始终高于非金融企业资本收益率，这与现有理论发生了矛盾。

第二，1980—2014 年，金融部门资本收益率总体呈现上升趋势。具体地，金融部门资本收益率在改革开放初期不断上升，在 1993 年以后开始趋于下降，但是到了 2000 年以后，金融部门资本收益率再度呈现不断上升的趋势。随着金融市场化改革的不断深入，金融业行政垄断程度降低，金融资源扭曲减少，金融业竞争加剧，金融部门资本收益率应该日趋下降，经验事实与理论分析之间存在了一定的矛盾。

第三，2008 年全球国际金融危机之后，我国非金融企业资本收益率出现了下降的趋势，金融部门资本收益率却呈现不断上升趋势。按照发达国家的经验，在金融危机期间，虽然实体经济遭受重创，但金融部门遭受的冲击应更加严重，因而金融部门资本收益率应远远低于非金融企业资本收益率。国际金融危机后，我国金融部门资本收益率与非金融企业资本收益率背道而驰，这与西方发达国家的经验形成了对比。

第四，金融部门资本收益率与实际经济增长率的变化呈现出较大的不一致。当金融部门相对收益率上升时，经济增长率下降的幅度更大（或上升的幅度更小）。这一现象十分值得思考。究竟是因为金融部门相对收益率的提高，引起了金融资本的流动，进而改变了实体经济的运行环境，才导致经济增速下滑加剧，还是由于经济增速下滑加剧，国家的救助政策使金融部门资本收益率相对非金融企业资本收益率大幅上升？

第五，2000 年以来，非金融企业从事类金融资产投资的规模不断上升，其收益率远高于从事实体生产经营的收益率。这一现象是金融部门资本收益率与非金融企业资本收益率的微观表现。当前，我国并未全面放开金融业准入门槛，非金融企业欲全面进入金融业将受到制度约束。但是，非金融企业能够通过一定的渠道实现对类金融资产业务的参与。那么，宏观上观察到的金融部门资本收益率高于非金融企业资本收益率，是否是非金融企业金融化的原因？微观企业所能够实现的金融收益是否从微观层面反映了金融部门与非金融企业的收益率关系？

　　以上五个事实所反映出来的核心问题是：金融部门资本收益率大于非金融企业资本收益率。关于前两个事实，本研究第四、第五章将做进一步的分析；关于后三个事实，本研究第六章和第七章将做进一步的讨论。

第四章

金融部门相对收益率上升的
直接原因分析

Philippon（2015）认为，金融部门的职能就是以生产、交易和清偿金融合约的方式汇集资金、分散风险、转移资源、生产信息和提供激励。本章重点关注金融机构的最基本职能，即金融机构从净储蓄者汇集资金、再配置到非金融企业，完成资源的跨时空转移。第一节先对现有含金融机构的宏观经济模型进行了梳理，探讨金融行业壁垒、不完善市场和不完全市场竞争等"不完美假设"；第二节在"金融行业壁垒"假设的基础上，建立包含家庭、企业和金融机构的三部门均衡模型，分析金融部门相对收益率和金融资本相对构成的稳定均衡和非稳定均衡；第三、第四节从两个方面分析导致金融部门相对收益率长期偏离均衡的原因。

第一节　现有含金融部门的宏观经济模型及其关键假设

一、完美假设下的金融部门模型

尽管大量的研究都指出金融十分重要，有利于经济增长（Levine，2005），但是，历史上"货币中性论""面纱论"，以及 Lucas（1988）对经济增长中金融贡献的批判，都认为金融对经济增长的作用甚微。造成学术界众说纷纭的一个原因是，在完美假设下的宏观经济模型中，金融部门是冗余的。在中央计划者经济的模型中，没有一个独立的金融部门，储蓄到投资的转化是总量均衡的，如索洛模型（Solow Model）。在一些分散决策的模型中，也没有独立的金融部门，家庭直接投资于企业而实现金融供给和需求的自动均衡，如拉姆齐模型（Ramsay Model）、真实经济周期模型（Real Business Cylce Model）。这些模型都隐含着"金融市场是完美的"这一假设，金融资源将无成本地、无损耗地从储蓄者转移给生产者。

本小节通过一个简单的两期阿罗·德布鲁一般均衡模型（Freixas 和 Rochet, 1997）来说明这一观点。模型包含三个部门——家庭、企业和银行。家庭拥有初始禀赋 ω_1，选择两期消费量 C_1 和 C_2、第一期末的存款量 D_h、债券持有量 B_h 来最大化效用。第二期，家庭获得从银行返还的本金和利息收入，以及银行和企业的利润分红 $\prod_b$ 和 $\prod_f$。家庭将全部收入和财富花费完，用于消费支出。假设第二期相对第一期的价格水平是 p。则家庭的优化问题即

$$\max u(C_1, C_2)$$
$$s.\,t.\quad C_1 + B_h + D_h = \omega_1$$
$$pC_2 = B_h(1 + r) + D_h(1 + r_D) + \prod_b + \prod_f \tag{4.1}$$

其中，r 和 r_D 分别是债券和存款的利率。通过拉格朗日乘子法解优化问题，不难得出，在没有风险、市场完善的情况下，存款和债券这两种金融资产的价格必须相等，等于边际效用跨期替代率。企业在第一期期末接受银行贷款，发行债券 B_f，决定投资 I 来最大化利润。第二期，企业获得产出 $pf(I)$，向银行归还贷款本息，将剩余收入全部以分红的方式转移给家庭。则企业的优化问题可以表示为

$$\max \prod_f$$
$$s.\,t.\quad B_f + L_f = I$$
$$pf(I) - (1 + r)B_f - (1 + r_L L_f) = \prod_f \tag{4.2}$$

其中，r_L 是贷款利率。类似地，在没有风险、市场完善的条件下，贷款利率也是和债券利率相等的。银行选择贷款 L_b，存款 D_b 和债券 B_b 最大化利润。

$$\max \prod_b$$
$$s.\,t.\quad B_b + D_b = L_b$$
$$\prod_f = r_L L_b - r B_b - r_D D_b \tag{4.3}$$

均衡可以描述为一系列的利率向量（r, r_L, r_D），以及信贷市场、债券市场、存款市场以及产品市场的均衡。产品市场满足 $I = S = B_h + D_h$，信贷市场满足 $L_b = L_f$，存款市场满足 $D_b = D_f$，债券市场满足 $B_h = B_f + B_b$。

　　显然，存款利率、贷款利率与债券利率相等是模型有解的必要条件。而当各种利率相等时，银行利润恰为 0。而且，银行决策对其他主体不会造成任何影响，也即银行是冗余的。由于在完美的金融市场中，家庭和企业都能参与其中，资金供给者和需求者能够无成本地实现匹配，因此，储蓄转化为投资的过程和资源配置过程能够顺利完成。金融机构和金融市场都是为了配置资源而形成的，在资源无法完美地完成配置时，金融体系才有其存在的意义。只有在模型中纳入市场不完善因素，才能分析金融机构的行为。

　　"金融市场不完美"假设包括很多方面：第一，市场不完备性。阿罗·德布鲁指出，当金融市场不能为所有的不确定状态提供对应的金融产品时，这一金融市场是不完备的，换言之，金融市场产品种类不丰富使金融需求得不到满足。第二，市场的非完全竞争性。在垄断、寡占、垄断竞争等不同的市场结构下，金融机构具有一定的市场垄断力量，能够通过影响资金价格（即利率）的方式，获得垄断利润。第三，信息不完备性（或信息不对称性）。当金融合约的参与双方之间存在着信息不对称，金融交易中就可能出现逆向选择和道德风险，使市场供需不能有效出清。金融活动存在交易成本是促使金融中介机构产生的原因之一。如 Philippon（2015）指出的，贷款者的成本与存款者的收益之差就是金融机构所获得的报酬。这一报酬反映了金融机构因缓解金融活动交易成本而获得的补偿。

　　正是因为在构建模型时假设"金融市场不完美"，才使金融部门在经济学模型中有了存在的意义。在完美假设下，无论是稳态或平衡增长路径，还是动态变化中，金融部门都是没有收益的，我们无法分析金融部门相对收益率的变化，这与现实也是极为不符的。在"金融市场不完美"假设下，金融部门才能获得利润，金融部门相对资本收益率才具有研究价值。

二、不完美假设下的金融部门模型

（一）金融业非完全竞争

　　基于产业组织理论，学术界对非完全竞争下的金融机构行为进行了分析，其中，Monti - Klein 模型是研究垄断银行行为的经典模型（Klein，1971；Monti，1972）。该模型假设，银行面临一个右向下倾斜的贷款需求曲线 $L(r_L)$ 和一个右向上倾斜的存款供给函数 $D(r_D)$。银行决定贷款供给量和存款需求量。存款会被要求缴纳 α 份额的准备金。银行的经营成本是存、贷款的函数 $C(L,D)$。此外，银行面临给定的银行间市场利率 r，该利率由货币政策或国际资本市场决定。则银行的利润函数可以表示为

$$\pi(L,D) = (r_L(L) - r)L + [(1-\alpha)r - r_D(D)]D - C(D,L) \quad (4.4)$$

其中，等式右侧第一项反映银行贷款业务的收益，第二项反映存款业务的收益，第三项是经营成本。假设利润函数 $\pi(L,D)$ 是凹函数，银行选择贷款和存款来最大化利润，则我们可以求得如下一阶条件：

$$\partial\pi/\partial L = r'_L(L)L + r_L - r - C'_L(D,L) = 0 \quad (4.5)$$

$$\partial\pi/\partial D = r(1-\alpha) - r'_D(D)D - r_D - C'_D(D,L) = 0 \quad (4.6)$$

其中，$C'_L(D,L)$ 和 $C'_D(D,L)$ 分别表示成本函数对贷款和存款的偏导数。定义贷款的需求弹性和存款的供给弹性分别为 ε_L 和 ε_D：

$$\varepsilon_L = - r_L L'(r_L)/L(r_L); \quad \varepsilon_D = r_L D'(r_L)/D(r_L); \quad (4.7)$$

通过推导，银行制定的最优存款利率和贷款利率 (r_L^*, r_D^*) 应满足：

$$\frac{r_L^* - (r + C'_L)}{r_L^*} = \frac{1}{\varepsilon_L(r_L^*)}; \quad \frac{- r_D^* + r(1-\alpha) - C'_D}{r_D^*} = \frac{1}{\varepsilon_D(r_D^*)} \quad (4.8)$$

如果把存款利率也看做是存款合约的价格，这两个等式的左侧都是价格、成本之差与价格之比，也就是勒纳指数（Lerner Index）。也就是说，当勒纳指数与弹性的乘积为 1 时，银行制定的存、贷款利率就是能使银行利润最大化的最优利率。勒纳指数是衡量银行垄断程度的指标，当某银行的市场垄断程度越低时，勒纳指数就越高，也即银行利率与边际成本之差越小。

在 Monti - Klein 模型的基础上，学术界将对垄断银行的设定方式拓展到对垄断竞争银行的分析中，并推导出带有利率黏性的加成定价方程。其中，对存款利率的设定采用向下加成定价的方式；对贷款利率的设定采用向上加成定价的方式（Dib，2009；Gerali et al.，2010）。银行的垄断程度越高，银行的议价能力越强，则供给、需求弹性越小，存款利率越低，贷款利率越高。随着银行业的市场集中度发生改变，大银行将会主导定价，并且设定较高的存贷利差。在该模型中，只要勒纳指数不为 0，银行的利润总是大于 0 的；相反，当存贷款需求的价格弹性都趋于正无穷时，勒纳指数趋于 0，则市场结构趋于完全竞争，银行利润趋于 0。

（二）信息不对称和金融摩擦

"信息不对称"的发现是信息经济学产生的基础。由于金融合约的各参与方之间不能够掌握相同的信息，最终实现的供求均衡会偏离"帕累托最优"。例如，当银行无法掌握贷款企业的关键信息时，只能通过提高贷款利率或提高抵押物要求（Collateral）的方式来控制风险。金融活动中的信息不对称带来了金融交易成本，这一现象就被学术界称作金融摩擦（Financial Friction）。基于信息不对称假设，学术界构建了许多含有金融摩擦的经济学模型，考虑了金融部门对经济的影响。

Bernanke 等人（1999）构建了一个含有价格黏性的新凯恩斯主义模型来阐释金融加速器的机制。他们在模型中设计了一种标准贷款合约。由于银行无法完全获得企业的信息，需要支付"状态验证成本"来识别企业的状态[①]，这一成本反映在了贷款利息中。模型中反映信息不对称的核心方程是

$$R_t^K = s\left(\frac{N_t}{Q_t K_t}\right) R_t \tag{4.9}$$

其中，R_t^K 是外部融资成本，也即银行贷款利率；$s(\cdot)$ 是减函数；N_t 和 $Q_t K_t$ 分别代表企业的权益和总资产价值；R_t 是无风险利率（也是模型中的存款利率）。也就是说，企业的杠杆率越高，企业将面临更高的外部融资溢价。企业的杠杆率反映了企业的风险，当银行不能确定企业具有偿债能力时，只能根据企业的杠杆率来调整贷款利率。外部融资溢价就是金融摩擦的体现。这时，贷款利率大于存款利率，银行具有正的利润。

另外一个重要的模型是 Kyotaki 和 Moore（1997）的抵押约束模型。由于银行不能识别企业的破产风险，不清楚企业的偿债能力，因此，企业只有提供一定的资产作为抵押品，才能从银行获得贷款。这些抵押品就成为了银行贷款能够被清偿的保障，但是同时，也成为制约企业贷款需求能够被满足的约束条件。该模型中反映信息不对称的核心方程是

$$R_t b_t \leqslant q_{t+1} k_t \tag{4.10}$$

其中，R_t 是利率，b_t 是贷款，k_t 和 q_t 分别是企业资产和资产价格。该约束反映了企业贷款的本息和不得少于抵押资产的预期价值。融资约束限制了企业的贷款能力，从而使企业不能够在正常的利率水平下拿到所需要的全部数量的贷款。

Bernanke 等人的模型提高了企业贷款的价格，而 Kyotaki 和 Moore 的模型限制了贷款的数量，二者虽然角度不同，但是对模型运行的影响是类似的。两个模型的设定都会引起金融加速器效果。当企业的经营状况恶化后，企业杠杆率上升、资产负债表恶化，使外部融资成本上升、融资数量减少，从而进一步恶化企业的经营状况，这一过程循环往复，就实现了金融部门对初始冲击的加速作用。

---

① 这一过程即有成本的状态验证（Costly State Verification）。

三、金融部门模型中的金融行业壁垒假设

除上一小节中提到的信息不对称外，现有纳入金融部门的宏观经济模型还有一个重要特征，即金融部门与非金融部门之间不存在权益资本流动[1]，二者的权益资本收益率也不相等。这些模型隐含地假设了金融行业和非金融行业之间存在行业壁垒，而行业壁垒是阻碍金融部门资本收益率与非金融业资本收益率不相等的第一层原因。

当不同行业的生产需要投入同一种要素，且该要素在这些行业之间可以自由流动时，该要素在不同行业中的边际要素报酬必然相等。在国际贸易领域，这一规律被称为要素收益均等化定理，或 H－O－S 定理。权益资本是一种独特的要素，也满足要素收益均等化定理。资本总会从收益率较低的地方流向收益率高的地方。如果金融业与非金融行业之间不存在准入门槛和转移成本，企业家可以自由地在所有行业之间进出，那么，金融业和非金融行业的资本收益率应该相等。因此，现实中普遍存在的金融行业壁垒是导致金融部门资本收益率与非金融企业资本收益率不相等的第一层原因。

值得注意的是，金融业与非金融业之间存在行业壁垒，是金融部门相对收益率长期大于 0 的必要不充分条件，也就是说，金融行业壁垒只是导致金融部门相对收益率不为 0 的原因之一。即使存在金融行业壁垒，金融部门相对收益率也可能为 0。因此，下一节将在"金融行业存在壁垒"的假设下构建模型，进一步探索导致金融部门相对收益率长期大于 0 的其他原因。

第二节　金融部门相对收益率与金融资本相对构成的均衡

一、金融资本相对构成

Piketty（2014）在《21 世纪资本论》中分析资本收益率和资本产出份额的关系时，曾举过一个例子：一家企业拥有资本 K = 500 万元[2]，全年能够获得收入 Y = 100 万元，支付给劳动工人 W = 60 万元作为工资。剩余的利润也

---

① 一些局部均衡的金融部门模型，对开设金融机构还是开设非金融企业的选择问题进行了分析，如 Bolton 等人（2011）。

② 原文中采用的单位是欧元。

即资本获得的报酬 π^f = 40 万元①归企业主所有，则总资本回报率为 r^K = 8%。定义资本产出率 $\beta = K/Y$，资本产出份额 $\alpha = \pi^f/Y$，则有 $\alpha = \beta \times r^K$，这就是皮凯蒂的资本第一定律②。

对这个例子作进一步的扩展，假设 500 万元的资本中，有 K^f = 400 万元是企业的自有资本，另外 L = 100 万元是从银行以贷款利率 r^L = 4% 借得的贷款。通过简单的计算，企业的非金融企业资本收益率 r^f = 9%，银行获得利息收入为 4 万元。进一步假设，在 100 万元的银行贷款中，K^b = 20 万元是银行的自有资本，$K^h = D$ = 80 万元是家庭的存款③，存款利率 r^D = 1.25%，则我们可以计算得到，金融部门资本收益率为 r^b = 15%。这些收益率的关系可以由如下两个方程来概括④：

$$r^f = r^K + \frac{L}{K^f}(r^K - r^L) \tag{4.11}$$

$$r^b = r^L + \left(\frac{L}{K^b} - 1\right)(r^L - r^D) \tag{4.12}$$

在这个例子中，所有金融资本的平均收益率即贷款利率为 4%，而生产过程中实现的总资本回报率为 r^K = 8%。根据导论中对金融资本相对构成的概念界定，金融资本相对构成 η 可以表示为

$$\eta \equiv K^b/K^f \tag{4.13}$$

η 越大，反映了金融机构比非金融企业拥有更多的财富。当金融机构的收益率高于非金融企业的收益率时，有两种因素会导致金融资本相对构成上升。第一，在没有行业壁垒的情况下，受到高收益率的驱使，部分非金融企业会变卖实物资本，设法成立金融机构来从事活动，从而使金融资本相对构成上升。第二，金融机构和企业家将收入中不消费的部分储蓄起来，形成资本积累，由于二者收益率和储蓄率的差异引起了资本积累速度的差异，进而导致金融资本

---

① 为了便于理解，在这一章我们用角标 b 表示金融中介（bank），角标 f 表示非金融企业（firm），角标 h 代表家庭（household），角标 L 和角标 D 分别代表贷款（Loan）和存款（Deposit），角标 K 代表最终用于生产的总资本，即本研究所界定的产业资本。

② 详见 Piketty（2014）的《21 世纪资本论》，该公式中 α 是资本的产出份额，β 是资本收入比，r^K 是总资本收益率。

③ 这里的 K^h 是家庭资本，D 是家庭存款。我们假设家庭资本均以存款的形式存在，因而二者相等，存款利率 r^D 是家庭资本收益率。

④ 在这个模型中，假设家庭为企业提供劳动获得工资，向银行提供储蓄获得存款利息；企业没有存款，只是从银行贷款，利用银行贷款和自有资本投入生产；银行只吸收家庭的存款，向企业发放贷款，假设存款准备金率为零，银行不留存资本金。在现实中，家庭一般也是净存款者，企业是净贷款者，模型做出这些假设是为了使分析更为简洁。

相对构成上升。上一节的分析指出，在没有行业壁垒和转移成本时，第一种情况会导致金融部门资本收益率与非金融企业资本收益率趋同。但是，在中国、巴西等新兴市场国家，金融业存在一定的门槛，制度障碍使非金融企业不能转变成金融机构，因此，本研究将重点考察第二种情况。

假设金融部门（银行家）、非金融企业（企业家）和家庭（劳动者）的储蓄率相同为 s，则它们所获得收益的 s 部分将会被积累到资本中，金融机构资本的增长率为 sr^b，企业资本的增长率为 sr^f。家庭收入包括工资 W 和存款利息 $r^D D$，则家庭资本的增长率是 $s(W/D + r^D)$。显然，如果金融部门资本收益率大于非金融企业资本收益率 $r^b > r^f$，金融机构自有资本的增长率就会大于企业自有资本的增长率，则金融资本相对构成就会上升。

二、稳定均衡

定义银行杠杆率为 $\phi = L/K^b > 1$，即企业贷款与金融机构资本之比。根据导论的定义，金融部门相对收益率 λ 可以表示为

$$\lambda = r^b - r^f \tag{4.14}$$

根据式（4.11）、式（4.12）和式（4.13），金融部门相对收益率 λ 可以表示为贷款利率 r^L、存款利率 r^D、总资本回报率 r^K、金融资本相对构成 η 和银行杠杆率 ϕ 的函数：

$$\lambda = G(r^D, r^L, r^K, \phi, \eta) = -r^D(\phi - 1) + (\phi + \phi\eta)r^L - (1 + \phi\eta)r^K \tag{4.15}$$

一般而言，存、贷款利率和总资本回报率之间应该满足 $r^K > r^L > r^D$，于是，不难得到：$\partial\lambda/\partial r^D < 0$，即存款利率越高，金融部门相对收益率越小；$\partial\lambda/\partial r^L > 0$，即贷款利率越高，金融部门相对收益率越高；$\partial\lambda/\partial r^K < 0$，即资本边际产出越高，金融部门相对收益率越小；$\partial\lambda/\partial\eta < 0$，即金融资本相对构成越大，金融部门相对收益率越小；$\partial\lambda/\partial\phi > 0$，即银行杠杆率越大，金融部门相对收益率越大。

根据前文的分析，r^b 和 r^f 决定了金融机构自有资本和企业自有资本的增长率，进而决定了金融资本相对构成 η。考虑模型的动态转移过程，则金融资本相对构成 $\eta(t)$ 增长率可以表示为

$$\frac{\dot{\eta}(t)}{\eta(t)} = \frac{\partial\ln\eta(t)}{\partial t} = \frac{\dot{K}^b(t)}{K^b(t)} - \frac{\dot{K}^f(t)}{K^f(t)} = s\lambda(t) \tag{4.16}$$

其中，$\dot{X}(t)$ 表示 $X(t)$ 对时间 t 的偏导数。假设当 $\eta(t) = \eta^*$ 时，金融部门资

本收益率与非金融企业资本收益率相等，即 $\lambda^* = G(\eta^* \mid r^D, r^L, r^K, \phi) = 0$。这时，金融资本相对构成 $\eta(t)$ 的增长率恰为 0[①]，那么，$\eta = \eta^*$ 是模型的一个均衡。为了考察这个均衡是否是稳定的，我们绘制 $\eta(t)$ 的相图进行分析。由于 $\partial\lambda/\partial\eta < 0$，$\eta(t)$ 增长率和 $\eta(t)$ 的关系如图 4 - 1 所示。

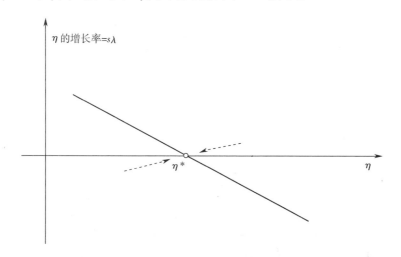

图4-1　金融资本相对构成 η 的相图（稳定均衡）

在动态中，当金融资本相对构成 $\eta(t)$ 大于 η^* 时，$\lambda < 0$，即金融部门资本收益率小于非金融企业资本收益率。在储蓄率 s 相同的情况下，金融机构自有资本较企业自有资本积累更慢，金融资本相对构成增长率 $\eta(t)$ 小于 0，从而使 η 向 η^* 收敛。类似地，当金融资本相对构成 $\eta(t)$ 小于 η^* 时，$\eta(t)$ 的增长率大于 0，从而使 $\eta(t)$ 也向 η^* 收敛。由此可见，在存贷款利率、资本边际产出和银行资本充足率不随 η 改变的情况下，η^* 是金融资本相对构成的长期稳定均衡。在均衡条件下，金融部门资本收益率与非金融企业资本收益率相等，即 $\lambda = 0$。即使存在金融行业壁垒，企业家不能在金融业和非金融业之间自由进出时，金融部门和非金融企业的资本收益率也能实现均衡。

三、非稳定均衡

当金融资本相对构成 η 满足其增长率是其自身的递减函数即 $\partial(\dot{\eta}/\eta)/\partial\eta < 0$ 时，图 4 - 1 中的线总是向右下倾斜的，那么，总存在一个 η 的稳定均

---

① 如果放开储蓄率相同的假设，那么，在均衡时，金融部门资本收益率与非金融企业资本收益率之比等于金融中介储蓄率和企业储蓄率之比的倒数。

衡。即使存在一系列的冲击改变了金融资本相对构成的稳态值 η^*，该经济系统也仍然是一个稳定系统。只要没有新的冲击出现时，η 就最终能收敛到稳态值 η^*，金融部门相对收益率也会收敛到0。但是，如果 $\partial(\dot{\eta}/\eta)/\partial\eta \geqslant 0$，也就是线条向右上方倾斜（见图4-2），则 η^* 是不稳定均衡。当 $\eta > \eta^*$ 时，η 会不断上升，接着又使 η 的增长率进一步增加，使 η 不断发散，反之亦然。任何一个冲击都会使金融部门相对收益率偏向一端，最终要么金融部门消失，要么企业消失。有两种情况会导致 $\partial(\dot{\eta}/\eta)/\partial\eta \geqslant 0$。

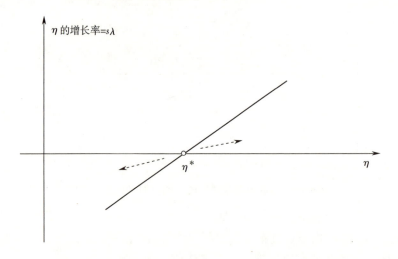

图4-2 金融资本企业自有资本之比 η 的相图（非稳定均衡）

第一，贷款利率 r^L 大于等于总资本回报率 r^K，即 $r^L \geqslant r^K$。这种情况是不可能长期存在的。企业通过借贷来提高收益，需要满足如下条件：投资到生产经营活动中所获得的每一元钱，只需要将其中的一部分分给银行（利息），可以保留一部分"无本"的收益。但是，在某些特殊情况下，贷款利率是可能高于企业的利润率的。比如，如果企业投资项目存在规模门槛，企业必须达到一定的资本规模才能承接该投资项目，而欲投资的企业缺乏资本，那么，在这种情况下，即便是贷款利率比项目收益率高，企业也会选择借贷。又如，企业在经营过程中，出现临时的资金链断裂，急切需要贷款，如果没有融资，企业的前期投入都将化作泡影，那么，只要企业的平均融资成本不高，企业仍然会考虑借贷。总体而言，贷款利率 r^L 大于资本边际产出率 r^K 的情况并不能在宏观经济中长期存在，所以这并不是我国金融部门资本收益率长期高于非金融企业资本收益率的原因。

第二，金融活动中因信息不对称导致的信息成本由企业承担，且存在较严重的金融摩擦，贷款利率对企业杠杆率的导数 $\partial r^L / \partial(\phi\eta)$ 较高①，满足：

$$\phi \frac{\partial r^L}{\partial(\phi\eta)} \geq (r^K - r^L) - \phi\eta \frac{\partial r^L}{\partial(\phi\eta)} \qquad (4.17)$$

由于信息不对称的存在，当企业杠杆率提高时，企业将承受更高的外部融资溢价（Bernanke、Gertler 和 Gilchrist，1999），即 $\partial r^L / \partial(\phi\eta) > 0$。企业杠杆率越高，金融机构承担的违约风险上升，对应地，金融机构提高了贷款利率。

通过简单的数学推导，很容易得到式（4.17）就等价于 $\partial(\dot{\eta}/\eta) / \partial\eta \geq 0$，即该条件会使金融资本相对构成 η 的增长率随其自身变化的函数呈现右向上倾斜的图像，如图 4-2 所示。而且，第一点中所强调的 $r^L \geq r^K$ 只是这一条件的特殊情况②。为了便于理解，我们将式（4.17）写成微分形式：

$$\phi\Delta r^L \geq (r^K - r^L)\Delta(\phi\eta) - \phi\eta\Delta r^L \qquad (4.18)$$

其中，式（4.18）左侧是贷款利率增加量 Δr^L 与金融机构杠杆率 ϕ 的乘积，恰等于金融部门资本收益率的增加量，反映了在金融摩擦的影响下，企业杠杆率上升使贷款利率上升，进而使金融机构的收益上升。式（4.18）右侧第一项是企业资产收益率和贷款利率之差 $(r^K - r^L)$ 与企业杠杆率的增加量 $\Delta(\phi\eta)$ 的乘积，反映了企业杠杆率增加引起的直接收益上升，而第二项为企业杠杆率与贷款利率的乘积，反映了因企业杠杆率上升造成贷款利率增加、进而引起的直接融资成本提高，综合这两项，式（4.18）右侧反映了企业杠杆率提高带来的非金融企业资本收益率的上升。因此，公式（4.18）告诉我们，当企业增加杠杆对金融部门资本收益率的影响超过了其对非金融企业资本收益率的影响时，经济就会存在不稳定均衡。在这种情况下，企业增加杠杆会使金融部门相对收益率上升。类似地，这时系统中就不存在一个稳定均衡。

当经济中出现某些较为极端的情况时，金融资本与产业资本的收益率关系之间不存在稳定均衡。一旦冲击使金融部门相对收益率偏离了稳态值，金融部门相对收益率就会不断地向一侧变动。这也是造成金融部门资本收益率长期大于非金融企业资本收益率的一种可能。

---

① 这里，我们仅考虑金融摩擦导致的贷款利率上升，假设贷款数量不会受约束而减少，即企业杠杆率恰等于金融资本相对构成与银行杠杆率的乘积 $\eta\phi$。根据本章第一节的分析，BGG 类型的金融摩擦指企业的外部融资溢价随着企业杠杆率上升而上升，即 $\partial r^L / \partial(\phi\eta) > 0$，且 $\partial r^L / \partial(\phi\eta)$ 越大即意味着金融摩擦程度越高。

② 我们之前假设的是贷款利率不随企业杠杆率改变，也即式（4.17）中左侧和右侧第二项皆为 0，该不等式恰变成了 $r^L \geq r^K$。

第三节　金融资本相对构成的稳态值不断上升

一、金融资本相对构成的稳态转移与收敛过程

当金融资本相对构成 η 收敛到稳态 η^* 时，金融部门相对收益率也收敛到稳态 $\lambda(\eta^*) = 0$ 。使金融资本相对构成 η 长期偏离稳态的原因，也就是引起金融部门相对收益率 λ 长期不等于 0 的原因。

根据前文的推导，当式（4.15） $G(\eta^*) = 0$ 时，可得到金融资本相对构成的稳态值为

$$\eta^* = \frac{\phi r^L - (\phi - 1)r^D - r^K}{\phi(r^K - r^L)} \tag{4.19}$$

由于 $\phi > 1$ ，因此，$\partial\eta^*/\partial r^D < 0$ ，$\partial\eta^*/\partial r^L > 0$ ，$\partial\eta^*/\partial r^K < 0$ ，$\partial\eta^*/\partial\phi > 0$ 。这表明，存贷款利率、总资本回报率和金融机构杠杆率都可能是导致金融资本相对构成稳态值变动的原因。

不失一般性，我们从稳态出发分析其中一个影响因素——存款利率 r^D 突然下降对模型均衡的影响。当存款利率 r^D 突然下降时，金融资本相对构成的稳态 η^* 立刻上升，η 增长率的图形向右平行移动，如图 4-3 所示，金融资本相对构成的稳态 η^* 从 A 点移动到 C 点。但是，经济状态不会立刻从 A 点到达 C 点，而是先从 A 点跳到 B 点，再回到 C 点。当存款利率突然下降时，金融资本相对构成的实际值不会立刻改变，而金融机构的成本立刻下降，净资产收益率立刻上升，导致金融机构资本的增长率大于企业资本的增长率，从而使金融资本相对构成的增长率 η 立刻上升。由于 η 的增长率大于 0，则 η 将不断上升，朝着其稳态 η^* 收敛。与此同时，金融部门相对收益率 λ 也不断下降，直至重新收敛到 0。

当外部冲击改变了经济的稳态时，经济各主体的行为决策发生改变，各宏观变量均朝着新的稳态收敛。但是，我国处于体制转轨时期，经济结构不断优化，宏观经济的参数和结构都处于转移路径中，这相当于经济正遭受着一系列的连续外生冲击的影响。当经济中有一系列的连续外生冲击使金融资本相对构成的稳态 η^* 不断上升时，就可能出现如下情况：冲击发生后，实际的金融资本相对构成可能还未收敛到新的稳态，新的冲击就使金融资本相对构成的稳态值又进一步上升了。那么，金融资本相对构成 η 就会保持上升的趋势，其增长

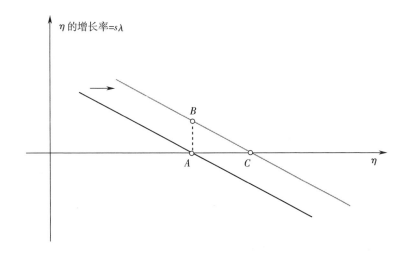

图 4 – 3　存款利率突然下降时金融资本相对构成 η 的变化

率也会保持为正,甚至进一步上升。

　　图 4 – 4 就展示了这一过程。图 4 – 4 中右向下倾斜的线是金融资本相对构成 η 的相图,即函数 $\dot{\eta}/\eta = f(\eta)$ 的图像。持续的冲击使这条线不断地向右移动,则稳态 η^* 从 A_1 移动到 A_2,再到 A_3 和 A_4。当冲击到来时,金融资本相对构成的稳态值上升了,但是实际值并未立刻发生改变,且实际值小于均衡值。与此同时,金融部门相对收益率会立刻发生改变,使金融资本相对构成的增长率是大于 0 的,也即经济从 A_1 跳到 B_1,并朝着 A_2 收敛。在经济朝着潜在均衡 A_2 收敛的过程中,新的冲击又使潜在均衡移动到 A_3 点,那么经济会跳跃到 B_2 点①。当冲击较为密集时,我们就可以将 B_1 – B_2 – B_3 连接起来,勾勒出金融资本相对构成增长率随时间变化的轨迹,是一条右上方倾斜的线,即金融资本相对构成增长率与金融部门相对收益率都是随时间上升的。

　　事实上,只要金融资本相对构成 η 长期小于其稳态值 η^*,就意味着金融部门相对收益率 λ 总是大于 0,即金融部门资本收益率长期高于非金融企业资本收益率。当金融资本相对构成的稳态值 η^* 的增长速度超过了实际值 η 的增长速度时,二者的差距就会增加,也就意味着金融部门相对收益率会扩大。当稳态值与实际值的增长速度相等时,金融部门相对收益率就会保持不变。因此,金融部门相对收益率长期大于 0 且不断上升有两个条件:(1)经济中有

　　① 事实上,如果经济还未收敛到均衡 A_2 时,冲击使潜在均衡向右移动,经济会沿着横轴的垂线,跳跃到与新相图线的交点处,意味着金融部门相对资本收益率会更高。

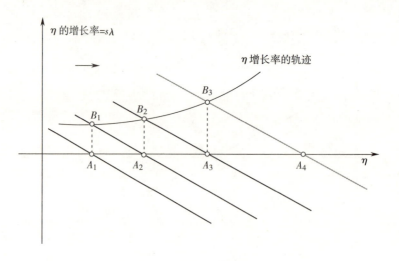

图4-4 连续冲击下金融资本相对构成 η 的变化

一系列的影响因素使金融资本相对构成的稳态值不断上升；（2）金融资本相对构成实际值增长的速度小于其稳态值的增长速度。

根据金融资本相对构成稳态的表达式（4.19），存款利率下降、贷款利率上升、总资本回报率下降和金融机构杠杆率上升都将引起金融资本相对构成均衡值的上升。其中，我国总资本回报率自1998年起一直上升（CCER、卢锋，2007），直至2009年后才开始有下降趋势（方文全，2012；张勋、徐建国，2014）。因此，除金融行业壁垒外，引起金融部门相对收益率上升的其他原因还包括金融机构杠杆率上升和利率扭曲，本节第二小节和第三小节将分别对此做出讨论。金融资本相对构成实际值增长速度小于稳态值的增长速度，主要与企业融资难、投资效率下降和金融资产吸收资金有关，关于这一方面的原因将在下一节中做出进一步讨论。

二、金融部门杠杆率上升

根据式（4.19），金融业杠杆率的上升将引起金融资本相对构成的稳态值上升，进而使金融部门相对收益率上升。图4-5展示了1999—2015年我国金融机构杠杆率的变化趋势。受到数据可得性的限制，本研究用金融机构对非金融部门债权作为金融机构资产的替代变量，用金融机构的实收资本作为金融机构资本的代理变量，二者之比即金融机构的杠杆率。

如图4-5所示，总体而言，金融机构的杠杆率在17年间是不断上升的，从1999年的15上升到2015年的18，提高了20%。这与金融部门相对收益率的上升趋势是相关的。也就是说，这的确是引起金融部门相对收益率上升的一个原因。在息差不变的情况下，金融机构杠杆率的上升将直接引起金融机构收入的提高，从而使金融部门资本收益率提高。

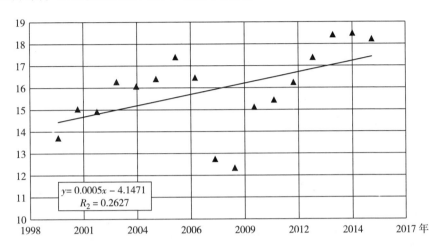

$$y = 0.0005x - 4.1471$$
$$R_2 = 0.2627$$

数据来源：国家统计局。

图 4 – 5　1999—2015 年中国金融机构对非金融部门债权与实收资本之比

值得注意的是，金融机构杠杆率上升的背后有多种原因。从图 4 – 5 中我们看到，2006 年至 2008 年金融机构杠杆率出现了较大幅度的下降，而且，这一下降趋势始于 2008 年国际金融危机爆发之前，在 2009 年危机最严重时反而上升。这是因为，1998—2006 年的金融机构杠杆率上升是由经济自身过热引起的，在此背景下，央行在 2006 年采取了紧缩性的货币政策调控经济，从而导致金融机构杠杆率迅速下降。与此不同的是，2009 年，政府为了抵御国际金融危机的危害，防止经济硬着陆，推出了"四万亿"刺激计划以及配套的"十万亿"信贷扩张政策，引起了金融机构杠杆率的上升。关于金融机构杠杆率上升的原因，第五章还将做出进一步的分析。

三、金融机构自然垄断与利率扭曲

通过前文的分析，贷款利率上升和存款利率下降，是导致金融资本相对构成的稳态值不断上升的原因之一。由于利率的变动具有一定的周期性，受到央行逆周期货币政策的影响，因此，相对于存、贷款利率的水平值，关注利差的变化更有意义。利率市场化程度不高、金融机构垄断力量较强，是我国银行业存贷利差长期保持不变甚至上升的重要原因。

　　尽管利息收入占银行收入的比例在不断下降，但是，它仍然是银行的主要收益来源，因此，存贷利差是影响银行利润率的重要因素。自 1996 年起，我国政府就开始进行利率市场化改革。20 年间，从银行间市场利率到存贷款利率，从人民币利率到外币利率，从商业银行到农村信用社，对存款利率和贷款利率的管制逐渐被取消。2015 年 10 月 24 日，贷款利率浮动上限的取消，标志着我国从名义上完成了利率市场化。但是，形式上的利率管制取消并不代表利率就真正地实现了市场化。事实上，我国利率的市场形成机制仍不完善（彭俞超、顾雷雷，2015），存贷款利率并不能完全反映市场供求情况，利率市场化程度仍然较低。

　　图 4－6 展示了我国 1989 年以来银行存贷利差的情况。黑线代表了一年期存贷款基准利率之差，它 23 年间整体呈现了上升趋势，尤其是 1993 年至 1998 年这五年迅速上升，提高了约 3 个百分点。我国的利差在世界范围内也是属于中等偏高的（程茂勇、赵红，2010；盛松成、童士清，2007；赵旭，2009）。在存贷利率上下限管制还未取消之前，金融机构的最小利差由央行直接决定的最高存款利率和最低贷款利率所锁定，利差的决定外生于金融机构，并不能反映金融机构的情况（邓超、代军勋，2008）。出于稳健性考虑，本研究也考察了事后利差的变化趋势。事后利差是用净利差度量的，即利息收入与利息成本之差和总资产的比值，该指标刻画了商业银行实际的利差水平。如图 4－6 中的灰线所示，整体而言，事后利差与银行存贷利差一样，也呈现了上升趋势[①]。

　　利差的长期上升，是导致金融机构的利润率不断上升的主要推力。通过前文的分析，当利差上升时，金融部门资本收益率大于非金融企业资本收益率，导致金融机构资本增长率高于企业资本的增长率，从而，金融资本相对构成的稳态值 η^* 不断上升。

　　利差的上升趋势，反映了国家政策对资金价格的扭曲，以行政干预的方式为银行制定管制利率，也反映了市场竞争不充分。CR3 是学术界常用来衡量市场竞争程度的指标，是指资产排名前三的企业资产之和占行业总资产的比重。我国银行业的 CR3 长期保持在 50% 以上，反映了我国银行业市场竞争不充分，导致大银行在一定程度上控制了利率市场定价。此外，工、农、中、建、交等大型股份制商业银行，尽管已经实现了"政企分开"，但是，管理层仍然在很大程度上受到中国人民银行、银行业监督管理委员会等国家机关的影响。近年来，利率管制已取消，利率理论上可以自由浮动，但是受到基准利率和"道

---

　　① 其中，2008—2010 年的小幅下降是受到国际金融危机的影响。

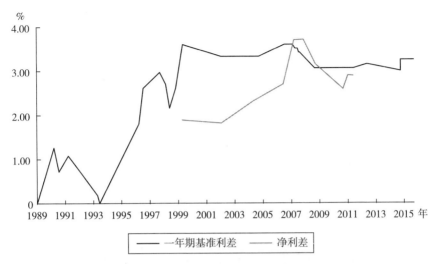

数据来源：存贷基准利率来自《金融统计年鉴》和中经网数据库，净利差来自世界银行 GFDD 数据库。

图 4 – 6　1989—2015 年基准利差和净利差

义劝告"的影响，四大行的利率较少实现自由浮动，仍然保持了较强的一致性。这也反映了我国利率市场化改革仍然任重而道远。可以说，没有市场化的行为主体，就没有市场化的利率形成机制，利率市场化也就没有真正实现。

第四节　金融资本相对构成的缺口不断扩大

一、金融资本相对构成的缺口与均衡恢复速度

金融机构杠杆率上升和利率扭曲会导致金融资本相对构成的稳态值不断上升，如果实际的金融资本相对构成能够快速地收敛到均衡，那么，金融部门相对收益率也不能长期保持大于 0。金融部门相对收益率不断上升的另一个必要条件就是金融资本相对构成实际值与其稳态值之间的缺口不断扩大[①]。

根据第二节的分析，在金融机构杠杆率不变时，金融资本相对构成上升将引起金融机构的可贷资金增加。可贷资金增加可能从两种渠道导致金融部门相对收益率下降。第一，如果企业的资金需求旺盛，且银行有意愿将资金贷出，

---

① 第三节中分析的是因同一外生冲击连续出现而造成的稳态值不断上升，而本节分析的是，金融资本相对构成实际值在朝稳态值收敛的过程中，与其他因素共同引起了稳态值缺口的放大。

这些资金就能到达企业，那么，企业杠杆率将会上升，在总资本回报率不变的情况下，非金融企业资本收益率也将上升，从而金融部门相对收益率会逐渐下降；第二，如果企业融资需求不足，金融机构可贷资金供给过量，金融机构被迫减少贷款或降低贷款利率，导致金融机构的盈利性下降，从而也能使金融部门相对收益率下降。

图4－7报告了2004年以来我国非金融企业杠杆率、金融部门资本收益率和非金融企业资本收益率的变化趋势。2004—2007年，金融部门资本收益率与非金融企业资本收益率是较为接近的，可以认为金融资本相对构成接近了稳态值。2008年，受国际经济形势恶化的影响，非金融企业资本收益率显著下降，金融部门资本收益率却不降反升。金融部门相对收益率的扩大使金融资本相对构成增长率上升，且金融资本相对构成的稳态值也上升了。2009年，企业杠杆率迅速提高，非金融企业资本收益率虽有所上升但仍然没有达到金融机构的收益水平。但是，2010—2011年随着企业杠杆率的下降，金融机构与非金融企业的资本收益率差距进一步扩大了。以上过程说明，企业增加融资、提高杠杆的确是金融部门相对收益率下降的一种自发实现方式，但是效果并不显著。这可能与金融资本相对构成实际值和稳态值的缺口不断扩大有关。

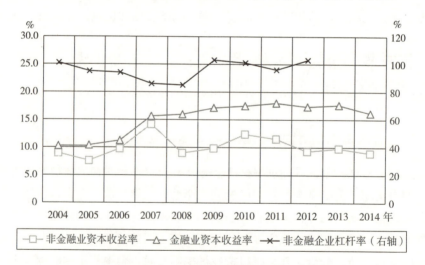

数据来源：非金融企业杠杆率数据来自中国人民银行杠杆率研究课题组（中国人民银行杠杆率研究课题组，2014），其他数据来自国泰安上市公司数据库。

图4－7　2004—2014年我国非金融企业杠杆率

导致金融资本相对构成实际值和稳态值的缺口不断扩大，可能有以下两方面的原因：（1）实体经济从金融机构获得的有效融资①不足，减缓了非金融企业资本收益率的提升速度；（2）金融机构的可贷资金被其他需求所吸收，这将会导致企业虽未获得贷款，金融机构却仍然能获得高收益。

二、实体经济有效融资不足

实体经济从金融机构获得的有效融资不足包含两层含义：第一，企业获得的融资不足；第二，融资的有效性下降。前者是指金融机构可贷资金可能流入别的地方或留在金融体系内部，而未流到非金融企业中；后者是强调虽然可贷资金流入非金融企业，但因投资效率下降，融资未发挥其应有的效率。这两者都将使非金融企业资本收益率提升缓慢，而使金融部门相对收益率保持不变或上升。

信息不对称及其导致的金融摩擦是造成企业"融资难"和"融资贵"的重要原因。正如本章第一节所提到的，金融机构因无法全面掌握企业的信息，而将贷前信息搜寻成本、贷中监督成本和贷后清偿成本转嫁给融资者。例如，企业在签订贷款合约时，声明其投资项目为风险较低的项目A，当企业拿到资金后，却在不告知银行的情况下，擅自将资金挪用于投资高风险的项目B（道德风险），这一行为使银行承担了额外的风险。出于谨慎性考量，银行会在设计贷款合约时，在贷款利率上附加一个适度的风险补偿，或者要求企业提供价值超过贷款金额的抵押品，这就导致了"融资难"和"融资贵"。

金融摩擦的程度与金融机构对未来经济整体风险的预期正相关。当经济形势不好时，金融机构预期企业的经营状况会进一步恶化，或者认为未来的不确定性增加，金融机构就会进一步提高风险控制要求和贷款利率（Peng和Yan，2015）。金融加速器模型和抵押约束模型，都从融资需求方出发考察了融资能力恶化对经济萧条的加速作用。事实上，在经济前景不确定性增强，或经济恶化的概率上升时，金融机构（尤其是商业银行）的风险敏感性将上升。这就引起了金融摩擦程度的提高和金融机构放贷意愿的降低，只有足够的风险收益补偿才会使金融机构将资金贷给企业。金融机构内生地紧缩了信贷供给，反映了信贷的顺周期性。这一点导致了企业有效融资下降，使金融部门相对收益率

---

① 有效融资，是指最终进入实体经济且能与企业自有资本发挥相同投资效率的融资。例如，我国国有企业从商业银行获得大量的廉价融资，却因投资边际效率下降而并不能将之有效地投资于生产，则意味着这些融资的有效性不足。又如，本研究第六章所提到的，商业银行对某企业的融资，却被转投资于资本市场，则这些融资也不是有效融资。

上升。

更为重要的是，由于中国经济制度的特殊性，国有企业、私有企业并存，银行信贷存在明显的所有制歧视，使不同类型的企业有着异质性的金融摩擦（Peng 和 Yan，2015）。由于政府对国有企业提供隐性担保，国有企业在信贷市场上往往更容易获得青睐，并获得更优越的贷款条件，如利率优惠和抵押资产减免。异质性金融摩擦，引起金融资源错配，大量的金融资本流向国有企业，私有企业"融资难"和"融资贵"的问题更加严重。然而，随着国有企业资本的不断积累，投资的边际效率将不断下降，导致国有企业与私有企业之间的投资效率差异更大，从而使资源错配变得更加严重，进而导致实体经济的总投资效率进一步下降。也就是说，尽管从整体看，资金流向了实体经济，非金融企业的杠杆率上升了，但是，由于实体经济的总投资效率下降，实体经济获得的有效融资不足，因而非金融企业的杠杆率提升未能带来非金融企业资本收益率的应有提升，进而导致金融部门相对收益率进一步上升了。

三、资产价格泡沫的分配效应

在金融资本相对构成偏离均衡而上升时，由于金融摩擦会阻碍金融机构对企业的资金供给，金融机构的可贷资金供给将会超过实际的供求均衡。如果这些多余的可贷资金不能带来收益，那么，金融机构盈利性应当下降。但是，在现实中，为什么金融机构的收益率却并没有下降呢？这说明，必然有其他的资金需求能够满足金融机构的资金供给，并且给金融机构带来了一定的利润。

从宏观的视角看，经济系统中唯有实体经济生产部门能够创造财富和价值，这是其他部门收益的根源。在实体经济下行、总资本回报率下降的情况下，社会中能够为金融部门提供稳定收益的项目十分少，即便在央行的宽松货币政策下，银行间充斥着"泛滥的"流动性，却不能缓解实体经济的融资约束，不能为实体经济注入血液。这些便是上一小节中强调的信贷顺周期性。除了少数高科技项目的回报率能够支撑金融体系的高收益率，大部分的投资项目并不能支撑金融机构的高收益率。金融机构赖以维持高收益的手段是资产价格泡沫的分配效应。

2000 年以来，金融部门相对收益率不断上升，与此同时，我国的土地市场、房地产市场和股票市场都先后出现了数次泡沫。由于资产价格泡沫指的是价格在短时间之内大幅波动，其波动幅度远超过资产分红或其他收益，因此，对泡沫资产进行投资接近于"零和"游戏。也就是说，若有投资者遭受损失，则必然有投资者会获利。这就是资产价格泡沫的分配效应。

金融机构就是这些盈利直接或间接的获得者。"银信合作""伞形信托""场外配资"等金融创新的合作方式，使金融机构的资金最终流向了房地产、股票市场等价格大幅波动的资本市场中。正是由于金融机构的信息优势、技术优势和资金优势，它们在资产投资中获得了较大的收益。这些收益支撑了金融资本的高盈利性，使金融部门相对收益率不会下降。此外，房地产市场和金融市场对资金的需求，也在一定程度上挤出了金融机构对企业的融资支持，阻碍了非金融企业资本收益率上升。

第五节　本章小结

本章尝试性地建立了金融部门相对收益率的均衡分析框架，主要讨论引起金融部门相对收益率长期大于 0 且不断上升的原因。

首先，当金融业与非金融业之间不存在壁垒，金融机构和非金融企业可以自由转换时，金融部门资本收益率与非金融企业资本收益率能够实现长期均衡。其次，在存在金融业壁垒的情况下，基于包含家庭、企业和金融机构的三部门模型，本研究发现，金融资本相对构成存在稳定均衡。当金融资本相对构成均衡时，金融部门资本收益率与非金融企业资本收益率恰好相等。当一系列的连续外生冲击使金融资本相对构成的稳态值不断上升，且金融资本相对构成的实际值却上升较慢，使实际值与稳态值的偏差不断扩大时，金融部门相对收益率就会长期大于 0 且不断上升。具体地，我们分别分析了引起金融资本相对构成稳态值不断上升的原因，以及导致金融资本相对构成的稳态值和实际值缺口不断扩大的影响因素。

综合以上分析，本研究得到了引起金融部门相对收益率长期大于 0 且不断上升的五个原因：（1）金融业壁垒阻碍要素自由流动；（2）金融机构杠杆率上升；（3）金融机构垄断与利率扭曲阻碍价格的市场调节机制；（4）实体经济获得的有效融资不足；（5）资产价格泡沫的分配效应维持金融机构收益。

第五章
金融部门相对收益率上升的
深层原因分析

上一章通过建立金融部门相对收益率的均衡模型，分析了导致金融部门相对收益率不断上升的五个原因。这五个直接原因的背后可以归结为三方面的深层原因：投资驱动的经济发展方式、完全的信用货币制度和金融资本的逻辑。本章分三节，分别对这三方面的深层原因展开论述。

第一节 投资驱动的经济发展方式

一、主要经济思想与经济发展方式

习近平在中国科学院第十七次院士大会、中国工程院第十二次院士大会上的讲话中指出："老路走不通，新路在哪里？就在科技创新上，就在加快从要素驱动、投资规模驱动发展为主向以创新驱动发展为主的转变上。"① 习近平的讲话中提到了三种经济发展方式，即要素驱动、投资驱动和创新驱动。他对我国当前经济发展形势作出了判断，并指出了我国经济发展的方向——转变经济发展方式，朝着创新驱动发展前进。

Porter（1990）在《国家竞争战略》一书中将国家经济发展划分为四个阶段，对应了四种国家竞争优势：要素驱动（Factor - Driven）、投资驱动

---

① 引自《习近平在中国科学院第十七次院士大会、中国工程院第十二次院士大会上的讲话》，2014 年 6 月 9 日，中国共产党新闻网，http://cpc.people.com.cn/n/2014/0609/c64094 - 25125270.html。

（Investnment – Driven）、创新驱动（Innovation – Driven）和富裕驱动（Wealth – Driven）。他所概括的这四种国家竞争优势在一定意义上反映了四种经济发展方式，如图5 – 1所示。一般而言，四个发展阶段应依次经过。例如，日本自第二次世界大战结束起，逐步完成了上述四个发展阶段，通过不断转变经济发展方式而实现了经济腾飞，跨过了中等收入陷阱，进入高收入国家行列。但是，在有些国家，四个发展阶段也可以跳跃，甚至反复。例如，意大利就没有经过投资驱动阶段，直接从要素驱动跳跃到创新驱动阶段。Porter（1990）提到，前三种经济发展方式通常会带来经济繁荣，而最后一种会导致经济衰退。

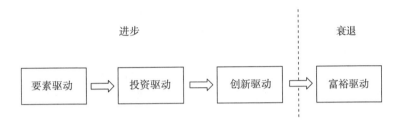

图5 – 1　Porter（1990）提出的经济发展方式转变的四个阶段

　　人类历史发展早期的经济繁荣，几乎都是依赖生产要素驱动的。这些生产要素可以是自然资源，也可以是廉价的一般劳动力。国家依靠某种生产要素的富集实现了产品的价格优势，从而在国际贸易中获得巨大的财富，这就是要素驱动的经济发展方式。巴西、阿根廷、委内瑞拉等拉丁美洲国家，自然资源富集，现在仍然处于生产要素驱动经济增长的阶段。以要素驱动经济发展的国家，技术进步迟缓，主要生产低技术附加值、可广泛复制的产品，凭借要素禀赋的优势在国际竞争中获得收益。这种经济发展方式易受国际经济周期影响，对汇率波动等因素敏感。例如，2014—2015年巴西经济受到汇率波动影响而陷入衰退，2014年经济增长率为0.1%，而2015年经济增长率则为 – 3.7%。

　　投资驱动型经济发展方式盛行于第二次世界大战之后。这种经济发展方式是指，高储蓄率和低消费率并存，以私人投资和国家投资推动经济发展，不断增加的家庭财富促进了储蓄和投资的形成。处于这一发展阶段或采用这一经济发展方式的国家，企业不再仅仅依靠资源禀赋和廉价劳动力，而是积极投资，引进和改良国外的先进技术。政府对经济发展和投资起到一定的引导作用，将有限的资本引入正确的产业，鼓励企业家精神，为企业提供补贴，并做好基础设施建设，鼓励出口。20世纪60年代的日本、80年代的韩国都曾采用投资驱动型的经济发展方式，并获得了成功。

美国和1980年以后的日本都是创新驱动型经济发展方式的代表。创新驱动经济发展既不依赖于资源禀赋，也不依赖于投资推动，而是依赖于企业的不断创新。创新不仅指技术进步，还包括管理的创新、市场的开拓和产业组织的变化。创新驱动的发展方式，能够减少汇率波动和国际经济周期对经济发展的影响，依靠不断创新应对经济的不确定性，使经济不断出现新的增长点。这一阶段的企业，具有了较强的创新意识，通过不断进行科技研发和产品创新满足国内外市场的需求，通过不断地管理创新和组织创新提高自身的核心竞争力。与此同时，国家和企业还会积极地向国外市场开拓，向其他仍处于要素驱动和投资驱动的国家投资。从产业结构上，本国的服务业发展也会不断趋于精细化和国际化，满足国内外市场日益提高的需求层次。创新驱动的发展方式是经济发展方式变迁的高级阶段。

Porter（1990）在对经济发展阶段的划分中，将国家竞争优势演变的第四个阶段定义为富裕驱动的阶段。严格地说，这一阶段不能称为国家竞争优势，而是经济发展到一定程度，社会自发出现的衰退倾向。Porter认为，当前的英国正处于富裕驱动的阶段。国家在前三个阶段的发展中积累了大量的社会财富，而人们却丧失了创新发展的积极性，从而经济活力下降，企业间竞争减少，经济发展趋于衰退。

（一）古典经济学与要素驱动型经济发展

要素驱动型经济发展与古典经济学思想有较大的关联。要素驱动型经济发展的几个重要特征包括：依赖资源禀赋和廉价劳动力进行生产；依靠国际贸易积累财富；劳动、资本以及其他自然资源是并重的生产要素。这些都体现在古典经济学思想中。

第一，古典经济学认为劳动和资本是并重的生产要素。古典经济学的开创者亚当·斯密在《国富论》中，强调劳动分工是价值创造的源泉，也认为资本积累促进了生产的专业化分工。由此可见，他把劳动和资本都看做是重要的生产要素。而且，亚当·斯密还批评了重农学派认为仅有农业劳动创造财富的片面观点。古典经济学的追随者詹姆斯·穆勒在《政治经济学要义》中论述道，"每一个国家的生产产业必然与它拥有的资本成正比"[1]，也即强调了资本对经济发展的重要性。紧接着，他还提到，"如果劳动工具、劳动对象和工人工资全部增加，只要得到更多工人，工作数量就能增加"[2]，也即劳动对经济

---

① 詹姆斯·穆勒. 政治经济学要义［M］. 北京：商务印书馆，2012：14.

② 詹姆斯·穆勒. 政治经济学要义［M］. 北京：商务印书馆，2012：15.

发展也是极其重要的。这两句话就反映出资本与劳动的协调增长将有助于经济发展。

第二，古典经济学主张分工和贸易是促进财富增长的重要因素。亚当·斯密支持重商主义的观点，认为对外贸易能够提高财富。他认为，在国家与国家之间、农村与城市之间，即便是一方较贫穷，通过贸易的方式也可以实现财富增长。因为，生产者不必耗费精力去生产所有的产品，可以选择容易生产的、利润率高的进行生产，再去购买其他不易于生产的产品。詹姆斯·穆勒就说道："另外有一个因素十分明显地提供交换商品的动机。有一些商品只能在特殊的地区生产，如金属、煤和其他许多至关重要的商品是某些地方的产品。"[①]要素驱动型经济发展方式也十分重视对外贸易，由于资源富集和劳动力成本低廉，生产的产品在国际竞争中具有价格优势，就能够通过贸易获得财富。

第三，应该按照比较优势进行生产和贸易。如果说亚当·斯密仅仅强调了国际贸易的重要性，李嘉图和穆勒则进一步阐述了国际贸易和专业化分工的方式。李嘉图和穆勒都指出，某个国家应该生产具有比较优势的产品。尽管两个国家可能都有类似的优势，但是要按照比较优势来进行生产。例如，我国和越南在劳动力成本上都具有优势，但是我国近年来人口红利下降，劳动力成本上升，相对于越南而言，我国不具有劳动力成本上的相对优势，因此，我国就不应向越南出口劳动密集型产品。这一思想正是要素驱动型经济增长的指导思想。对于经济发展水平不高、自然资源丰富、劳动力成本低的国家，就应该大量生产劳动密集型和自然资源密集型的产品，参与国际贸易以获得财富积累。

（二）凯恩斯主义与投资驱动型经济发展

投资驱动型经济发展方式强调国家干预，以投资带动经济的发展。它兴起于第二次世界大战后，建立在凯恩斯主义思想之上。凯恩斯主义持有的有效需求不足、投资不足等观点，成为了政府主导投资扩张的理论基础。

凯恩斯在《就业、利息和货币通论》中提出了三大心理规律。第一，边际消费倾向规律，即消费随着收入的增长而增长，但是消费的增长速度越来越慢。也就是说，随着收入的不断上升，消费与收入的差距会越来越大，使有效消费需求下降。第二，资本的边际效率递减规律，即随着资本的不断增加，该资本带来的产出增加和回报将不断下降。那么，随着资本的不断积累，投资者的投资需求必然减少。第三，流动性偏好，即人们出于交易动机、预防动机和投机动机的考虑，会偏好于持有部分货币。这会造成消费需求减少。以上三条

[①]　詹姆斯·穆勒. 政治经济学要义 [M] . 北京：商务印书馆，2012：37.

规律都将引起投资和消费需求的下降，也即有效需求下降。据此，凯恩斯指出，大萧条中出现的失业和衰退，不是因为供给过剩，而是缘于需求不足。按照凯恩斯对经济萧条提出的良方，美国总统罗斯福在 1933 年上台后便推出新政，以政府主导投资的方式，使美国从经济衰退中逐渐复苏。凯恩斯的有效需求不足理论和"罗斯福新政"的成功实践，使凯恩斯主义不断风靡，投资驱动型经济发展方式也渐渐地被发展中国家所采用。在凯恩斯主义的影响下，投资成为经济萧条时政府调控的主要手段，也成为发展中国家经济快速发展的推动力。投资驱动型经济发展正是我国长期以来采取的经济发展方式，这与凯恩斯革命、凯恩斯主义是分不开的。

（三）熊彼特与创新驱动型经济发展

创新驱动型经济发展以创新作为经济发展的主要推动力。创新一方面指不断的技术进步，另一方面也指经济结构、企业组织和管理的创新和发展。创新理论始于约瑟夫·熊彼特。他的"创造性破坏"理论为创新驱动型经济发展提供了理论支撑。

熊彼特认为，创新是经济发展的本质（Schumpeter，1939）。"生产意味着把我们所能支配的原材料和力量组合起来。生产其他的东西，或者用不同的方法生产相同的东西，意味着以不同的方式把这些原材料和力量组合起来"[①]，这就是创新。他将创新分为五类："（1）采用一种新的产品——也就是消费者还不熟悉的产品——或一种产品的一种新的特性。（2）采用一种新的生产方法，也就是在有关的制造部门中尚未通过经验检定的方法，这种新的方法决不需要建立在科学上新的发现的基础之上；并且，也可以存在于商业上处理一种产品的新的方式之中。（3）开辟一个新的市场，也就是有关国家的某一制造部门以前不曾进入的市场，不管这个市场以前是否存在过。（4）掠取或控制原材料或半制成品的一种新的供应来源，也不问这种来源是已经存在的，还是第一次创造出来的。（5）实现任何一种工业的新的组织，比如造成一种垄断地位，或打破一种垄断地位。"[②]因此，我们不能仅仅把创新看做是技术进步，它既包括生产力的发展，也包括生产关系的改进。

二、投资驱动经济发展与资本回报率

在不同的经济发展阶段，经济发展方式是不同的，进而经济中的要素需求

---

① 熊彼特. 经济发展理论 [M]. 北京：商务印书馆，1991：73.
② 熊彼特. 经济发展理论 [M]. 北京：商务印书馆，1991：73.

以及要素收益也是迥异的。从生产要素驱动到投资驱动，再到创新驱动，资本都扮演了不同的角色，其收益率也随着其角色和重要性的不同而不一样。

在要素驱动经济发展阶段，由于资本与其他要素的重要性基本相同，因此，资本回报率并没有比其他阶段更高。在创新驱动经济发展阶段，创新和全要素生产率的提高才是经济发展的动力。尽管技术研发和科技创新也需要人力资本投入和资本投入，但是资本并非是分享收益的最重要因素。因此，在创新驱动经济发展阶段，资本的回报率较投资驱动经济发展阶段会低一些。

在投资驱动经济发展阶段，由于资本是最重要的生产要素，资本对经济增长的作用也最突出，因此，资本在这一阶段的回报率相对更高。凯恩斯主义将投资看做是促进经济发展、使经济从萧条走向复苏的重要手段，故资本在投资驱动经济发展阶段就尤为重要。实行投资驱动型经济增长方式，往往是在资本相对稀缺的国家或时期。前者反映了较低的经济发展水平，而后者反映了经济周期引起的投资意愿下降。

稀缺的资本引起资本回报率提高。如果资本回报率很低，企业将没有动力投资。根据 Piketty 的资本第一定律，资本回报率 r 满足 $r = \alpha/(K/Y)$，其中，α 是资本收入份额，Y 是产出，K 是资本存量。如图 5-2 所示，在大萧条期间（1929—1933 年），欧洲的资本产出比 K/Y 跌入低点，在资本收入份额不变时，较低的资本产出比 K/Y 必然会带来较高的资本回报率[①]。这时，欧洲各国相继采取凯恩斯主义政策来应对危机。因此，投资驱动的经济发展方式往往伴随着较高的资本回报率。需要指出的是，随着资本存量的不断提高，资本稀缺性不断下降，资本的边际效率下降，凯恩斯主义的投资驱动经济发展方式也将走到末路。这时，不断继续地增加投资也会使资本回报率逐渐下降。

（一）美国的经济发展方式

以美国为例，美国虽然在 19 世纪末就进入创新驱动经济发展的阶段，但是，在 1930—1970 年也曾一度采用过投资驱动型经济发展方式。1933 年，受大萧条的影响，美国新上任的总统借鉴凯恩斯主义政策，推行了"罗斯福新政"——以大量投资基础设施建设的方式刺激经济，实现了经济的复苏。

图 5-3 展示了 1930—2007 年美国资本回报率的变化情况。去除战争影响，1933—1970 年的资本回报率显著高于 1970 年以后的资本回报率。这表明，在美国实施投资驱动型经济发展方式期间，资本回报率的确较高。此外，

---

① 这里指的是经济危机之后的复苏过程中，资本的稀缺性可能使资本回报率较高。但是，在经济危机爆发期间，由于整体经济衰退，经济的不确定性上升，资本回报率在此期间也是较低的。

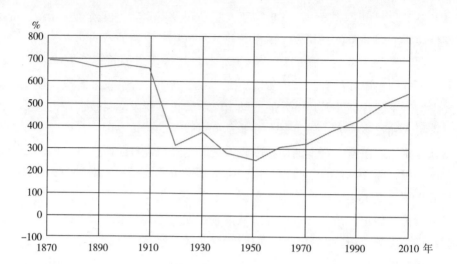

数据来源：Piketty（2014）。

图 5 - 2　欧洲的资本产出比

我们还发现，1965—1975 的十年间，美国资本回报率经历了较长一段时间的显著下降。这表明，在投资驱动经济发展阶段的末期，随着资本产出比的不断上升，资本回报率的确会出现下降。

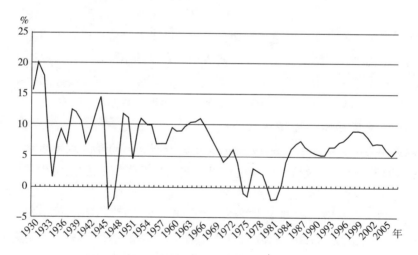

数据来源：孙文凯等（2010）的测算。

图 5 - 3　美国资本回报率（1930—2007 年）

（二）日本的经济发展方式

Porter（1990）指出，第二次世界大战后的日本完整地经历了生产要素驱动、投资驱动和创新驱动三个阶段，是经济改革和发展最成功的例子。战争刚结束时，日本采用生产要素驱动的经济发展方式，利用低廉的劳动力进行纺织等轻工业的发展。20世纪50年代，日本很快进入到投资驱动经济发展的阶段。钢铁、收音机、小型汽车和船舶业成为了支柱产业，它们积极引进国外技术，投资购置现代化设备，这些产业在国际竞争中取得了优势。70年代，日本开始进入创新驱动经济发展的阶段，创新活动日益增加，日本的主要外贸产业变为机械和零部件制造业，而低端的资源密集型、劳动密集型产业都转移到了国外。图5－4绘制了日本1956—2007年的资本回报率情况。与美国的情况类似，整体而言，投资驱动经济发展阶段的资本回报率显著高于创新驱动经济发展阶段。而且，在投资驱动经济发展阶段的末期（20世纪70年代），资本回报率也出现了显著下降，这与前文的分析是相吻合的。

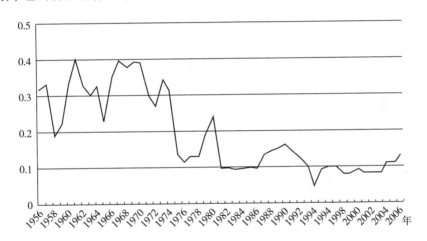

数据来源：孙文凯等（2010）的测算。

图5－4　日本资本回报率（1956—2007年）

（三）中国的投资驱动经济发展

改革开放初期，我国拥有人口优势，劳动力成本低廉，经济发展方式属于生产要素驱动型。在这一时期，以劳动密集型的加工制造业为主的出口行业，带动了我国的经济发展。其中，1990年和1997年，货物和服务净出口对国内生产总值增长贡献率分别达到了73.3%和42.2%。但是，1998年，我国资本形成总额对国内生产总值的贡献率开始逐年攀升，我国进入了虽有"三驾马车"却独以投资驱动的经济发展阶段。

　　为了更直观地反映1998年前后经济发展方式的变化①，我们计算三大需求的平均贡献率如表5-1所示。从投资贡献率看，1978—1997年的平均值为29.10%，而1998—2014年的平均值为47.83%，后者大约是前者的1.6倍。而从净出口贡献率看，1978—1997年的平均值为9.74%，1998—2014年的平均值仅为-2.31%。因此，本研究认为，在1978—1997年，我国主要依靠廉价劳动力和自然资源、出口低附加值产品而促进经济发展，属于以要素驱动为主的经济发展方式。1998年以后，我国的经济发展方式是以投资驱动型为主的。

表5-1　　　　　　　　　　**我国三大需求对 GDP 的贡献率**　　　　　　　单位:%

时间	消费贡献率	投资贡献率	净出口贡献率
1978—1997 年	61.18	29.10	9.74
1998—2014 年	54.46	47.83	-2.31

数据来源：国家统计局和作者计算。

　　如图5-5所示，投资率和总资本回报率之间显著呈现正相关关系。也就是说，总体而言，投资率高的年份，资本回报率往往越高。投资率每提高1个百分点，资本回报率将上升0.13个百分点。资本在投资驱动经济发展方式下起到最主要的作用，因此它能够在市场的竞争和博弈中分享更高的收益。但是，如第三章第二节中提到的，2009年之后，我国的总资本回报率也出现了一定的下降，这与美国和日本的经验是类似的。我国当前的投资驱动型经济发展阶段已经走到了资本回报率趋于下降的阶段，继续大力加大投资，资本边际效率显著下降，投资的有效性减弱。

三、投资驱动经济发展与金融部门相对收益率上升

　　图5-6展示了我国1998—2014年，投资率与金融部门资本收益率、金融部门相对收益率的关系图。如图5-6所示，金融部门资本收益率和金融部门相对收益率都随着投资率的上升而上升，表现出较强的正相关关系。而且，投资率与金融资本收益率的相关系数高达0.865。这表明，投资驱动的经济发展方式可能对金融部门资本收益率有更为直接和更为显著的影响，而对资本回报

---

　　①　本研究选择1998年作为经济发展方式发生转变的年份，一方面因为这一年爆发了亚洲金融危机，另一方面，因为国有企业改革渐入高潮，中国经济从此发生巨大的转变。此外，从数据上看，选择1998年为界限计算得到的三大需求平均贡献率的前后变化最显著。第三节在分析投资驱动型经济发展方式与金融部门资本收益率时也将主要采用1998—2014年的数据。

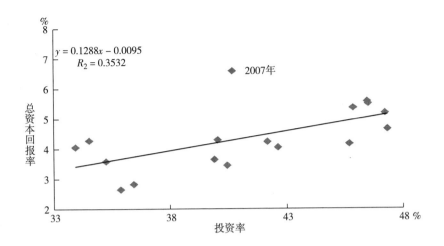

数据来源：Wind 数据库和国家统计局。

图 5 - 5　中国投资率与资本回报率（1998—2014 年）

率的影响较弱。进一步的计算表明，1980—1997 年投资率与金融部门资本收益率的相关系数仅为 0.43。这也从另一方面说明，在投资驱动经济发展的阶段，投资与金融部门资本收益率的相关性更强。

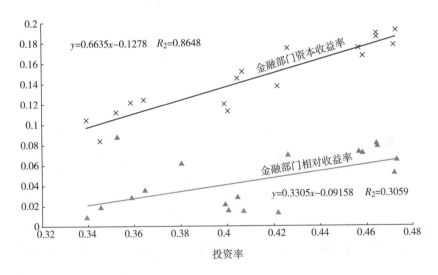

数据来源：Wind 数据库和国家统计局。

图 5 - 6　金融部门资本收益率、金融部门相对收益率和投资率（1998—2014 年）

第四章的分析指出，引起金融部门相对收益率长期上升而不趋于 0 的直接原因是：（1）金融资本相对构成的稳态值不断上升；（2）金融资本相对构成真实值和稳态值的差距扩大。其中，金融机构的杠杆率上升是引起金融资本相对构成稳态值上升的重要因素。在其他条件不变的情况下，杠杆率提高必然会引起净资产收益率的上升，这是财务杠杆的作用。金融机构的杠杆上升，意味着一单位金融机构资本能够撬动更大规模的金融资源供给，从而获得更高的收入和利润。而金融机构杠杆率的显著提升正是投资驱动型经济发展方式引起的。

如图5-7所示，在投资驱动型的经济发展方式中，投资的资本大量是依靠金融体系来提供的。如2009年，"四万亿"的一揽子财政刺激计划，是要以十万亿元的新增信贷规模为配合的。投资驱动型经济发展方式往往伴随着刺激性的财政政策和扩张型的信贷政策。一方面，一部分政府财政投资来源于国债的发行；另一方面，政府主导的投资项目，主要得到了国有商业银行的资金支持。五大股份制商业银行具有国有背景，城市商业银行与地方政府联系紧密，它们均为政府驱动的基础设施建设项目提供大量融资。因此，投资率的提高引起了金融机构杠杆率的上升。图5-8展示了1999—2014年，投资率与金融机构杠杆率的关系图，不难发现，除2007—2008年（央行实行了紧缩的货币政策防止经济过热）外，主要的点都位于趋势线附近。投资驱动引起金融机构杠杆率的提升，从而导致了金融部门资本收益率的上升，这一过程却受最终实体经济资本回报率的影响较小。

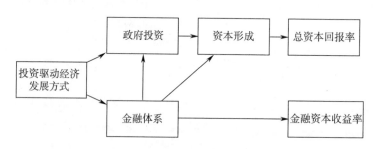

图5-7　投资驱动经济发展的机制

根据第四章的分析，尽管金融资本相对构成的稳态值不断上升，但如果金融资本相对构成的实际值迅速向其稳态值收敛，金融部门相对收益率也不会长期上升。实体经济有效融资的下降是导致金融资本相对构成难以向稳态值收敛的原因之一，这也是与投资驱动型经济发展方式有关的。在投资驱动经济发展的情况下，有两方面原因会引起实体经济有效融资的下降。

第一，资本边际效率下降，新增融资不能实现同样的效果。根据上一小节的分析，在投资性驱动发展方式的末期，随着资本积累的不断增长，实体经济

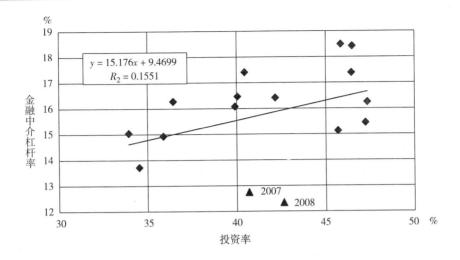

数据来源：Wind 数据库和国家统计局，金融机构杠杆率采用金融机构对非金融部门的债权与实收资本之比估算。

图 5 - 8　投资率与金融机构杠杆率（1999—2014 年）

的资本利用效率逐渐下降。由于金融机构的所有制歧视，金融资本更多地投向了资本边际效率本就较低的国有企业，所导致的资源错配进一步使经济整体的边际资本效率下降。从数据上看，尽管金融体系仍然向实体经济提供了大量的融资，可是，这些融资却不能带来有效的资本回报，从而使实体经济总资本回报率和非金融企业资本收益率均下降。例如，国际金融危机之后，国家推出了几轮刺激政策，其政策效果呈现不断递减的趋势。

第二，企业的生产性投资意愿降低，将资本转投入非生产性领域。由于资本边际效率下降，实体经济中的非金融企业的投资意愿减少，导致即便金融体系中不断地创造金融供给，非金融企业也未能将这些融得的资金都投资于实体经济①，从而使实体经济的回报率和非金融企业资本收益率上升缓慢，甚至下降，进而金融部门相对收益率持续上升。

以上两方面就解释了图 5 - 6 的现象，同时也解释了本研究第三章发现的现象：2009 年以来，非金融企业资本收益率出现下降趋势，金融部门资本收益率却不断上升。正是由于我国的投资驱动型经济发展方式已经进入末期，投资率的提高虽然仍然能够提高金融部门资本收益率，却不能提高总资本回报率。

---

① 这就是经济空心化，关于经济空心化的问题，在下一章还会做进一步的讨论。

虽然在投资驱动型经济发展阶段，总资本回报率较高，但是随着资本不断积累，资本边际效率不断下降，使金融机构向实体经济提供的有效融资减少，进而导致总资本回报率和非金融企业资本收益率下降。与此同时，由于金融体系是投资驱动经济发展的主要资源提供者，金融机构的杠杆率显著提高，使金融部门相对收益率会不断上升。从而，我们观察到金融部门相对收益率不断上升。

第二节　完全的信用货币制度

一、从金属货币制度到信用货币制度

从资本主义发展初期开始，国家货币制度经历了从金属货币制度到信用货币制度的演变过程。在这一过程中，占主导的货币制度依次是银本位制、金银复本位制、金本位制、不兑现的信用货币制度。国家货币制度的变迁，改变了货币供给数量的依据与限制。货币供给在金属货币制度时期受到贵金属产量的限制，而在完全的信用货币制度时期不再受到客观因素的约束。

在银本位制和金银复本位制时期，金属是主要的币材。18世纪末至19世纪初，主要资本主义国家先后过渡到金本位制，金币和银行券可以同时作为法定货币流通。但是，银行券的发行数量受到严格的限制，必须以黄金储备作为基础。第二次世界大战后，世界主要国家建立了以美元为中心的国际货币制度——布雷顿森林体系。在这一国际货币制度下，各国发行的货币与美元挂钩，美元与黄金挂钩，即"双挂钩"。虽然从某一个国家看，货币的发行不直接受到制约，但受到固定汇率制度和美元币值的约束，货币发行仍然是受到黄金储量制约的。

20世纪70年代布雷顿森林体系瓦解后，各国均过渡到信用货币制度。在信用货币制度下，各国货币与黄金既不能直接兑换，也无间接联系。信用货币既包括通货，也包括银行存款。按照我国央行的统计口径，M_0包括流通中的现金，M_1包括M_0和单位活期存款，M_2包括M_1、储蓄存款和单位定期存款。由于缺乏黄金准备作为约束，在信用货币制度下，货币供给的合理性必须依靠中央银行的货币政策调控来保证。然而，在经济周期和国际经济关系的影响下，信用货币下的货币供给大幅上升，远超过经济规模的增长速度。

20世纪70年代至20世纪末，美元是最主要的国际货币，在国际贸易结

算和各国外汇储备中都占有较大的比重。各国广泛使用美联储发行的美元作为国际货币，使美国获得了一定的"铸币税"，这一现象也被称作"美元霸权"。在这一时期，尽管美元已经与黄金脱钩，但是出于其国际形象和地位的考虑，美元的币值较为稳定，各主要国家货币与美元之间的汇率也较为稳定，全球货币供给并未大幅增长。但是，随着"特里芬难题"的进一步凸显，美国财政和经常账户的"双赤字"日益严重，加上美国经济的逐渐下滑，美联储采用了极为宽松的货币政策，美元供给不断增加，造成了美元贬值和泛滥。2008年全球金融危机爆发后，美联储、欧洲央行，以及日本、英国的中央银行相继推出了量化宽松政策，全球货币供给出现了大幅的上涨。

中华人民共和国成立以来，我国大陆一直采用的是信用货币制度。货币供给由中国人民银行负责调控，采用存款准备金率、再贴现和公开市场操作等多种货币政策手段。货币供应量是我国货币政策主要的中介目标，学术界也较多认为我国央行主要采用数量型的货币政策规则。

二、完全的信用货币制度与商业银行杠杆率上升

从理论上讲，在完全的信用货币制度下，货币供给可以是无限的。通过基础货币投放和存款货币创造，货币供给没有任何技术上的制约。在金属货币制度下，地壳中的金银储量决定了货币数量的上限，金银的产量决定了货币投放的速度。与此不同的是，在信用货币制度下，基础货币量和货币乘数决定了货币供给。国际上货币政策的目标一般是稳定物价和降低产出缺口。我国的货币政策目标是稳定物价、充分就业、经济增长和国际收支平衡。在实现这些货币政策目标的同时，货币供给也是不断上升的。我国长期以 M_2 增速作为货币政策的中介目标，如 2016 年我国的 M_2 增速目标为 13%。

货币供应量的增长要靠基础货币投放，但更重要的是靠商业银行的存款货币创造。在存款货币创造的过程中，银行先吸收存款，再向企业或个人发放贷款，企业或个人接着将这些贷款支付给他人后，再由他人存入银行。如此循环往复，商业银行的资产和负债都将同步扩张。但是，在商业银行资产与负债不断扩张的同时，净资产却较少改变。Andrian 和 Shin（2013）的研究表明，1990—2012 年美国商业银行的负债与资产几乎呈现等额增长，即每一单位的资产增长均伴随着一单位的负债增长，而净资产增长统计上为 0。这就反映了在存款货币创造的过程中，商业银行杠杆率在不断上升。类似的，图 5－9 展示了我国银行业的情况。如图 5－9 所示，每一单位的资产增长几乎都伴随着负债的同步增长，而净资产几乎不变。因此，在完全的信用货币制度下，宽松

货币政策使金融资源供给增加的同时，也使金融机构的杠杆率不断上升。

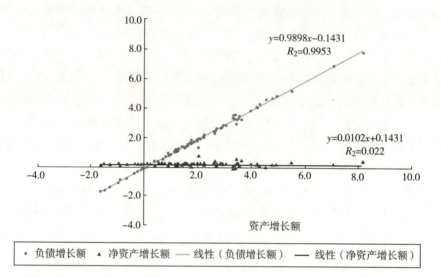

数据来源：银监会官方网站。图中的数据单位是万亿元。其中 2004—2010 年的数据是季度数据，2011 年 1 月—2016 年 1 月的数据是月度数据。

图 5 – 9　2004—2015 年中国银行业净资产、负债变化与资产变化的关系

在投资驱动经济发展的情况下，政府主导的投资项目得到宽松货币政策的配合，较容易地从商业银行获得融资。宽松货币政策促使商业银行增加贷款，使货币乘数不断提高。同时，商业银行的存款也随之而上升，最终使商业银行的杠杆率上升。因此，上一节中提到的投资驱动经济发展和本节的完全信用货币制度都是使商业银行杠杆率上升的原因，进而是金融部门相对收益率上升的深层次原因。

三、完全的信用货币制度与资产价格泡沫

在完全的信用货币制度下，过度的货币供给不仅会造成一般物价上涨，也会引起资产型通货膨胀。凯恩斯把货币需求分为交易性需求、预防性需求和投机性需求三类。马克思认为，货币职能包括价值尺度、流通手段、贮藏手段、支付手段和世界货币。其中，货币需求最重要的两个方面是交易需求和贮藏需求。费雪方程式和剑桥方程式都是描述货币供求的著名等式。虽然两个方程的形式类似，但含义却不同。费雪方程式更侧重对货币交易需求的刻画，而剑桥方程式更侧重对"现金余额"的刻画。根据这两个方程，当货币流通速度（或货币形态持有的备用购买力占社会总收入和总财富的比例）不变时，货币

增长速度超过交易规模（或社会总收入和总财富）的增长速度会导致物价上涨。这里的物价上涨并未区分资产价格和一般物价。事实上，货币供给的过度增长既可能引起一般物价的上涨，也可能引起资产价格的上涨。而且，随着人类财富的积累，用于贮藏财富和交易财富的货币需求会增加，而用于交易商品的货币需求会减少。需求构成的改变使货币超额供给对价格的影响更多作用在资产价格上。也就是说，货币供给对资产价格泡沫具有一定的推动作用。

在完全的信用货币制度下，货币供给增长迅速，经济货币化程度不断提高。在一定程度上，信用货币制度也是推动资产价格上涨的因素之一。而且，资产价格随着货币供给的增加而上涨，资产交易带来的收益也在一定程度上成为货币供给增加的结果，成为一种广义的"铸币税"。完全的信用货币制度也为金融机构在资产价格的泡沫中获得收益起到了一定的作用。

第三节　金融资本的逻辑

一、金融资本与金融行业壁垒

我国的银行业长期存在着行业准入门槛，民营资本不得成立银行。2014年3月，中国银监会正式启动民营银行试点工作，银行业准入机制开始改革。虽然如此，民营银行的业务范围仍然受到较大的限制，监管机构对民营银行的监管也非常严格。政府有关部门之所以要对银行业设置行业壁垒，是由于银行业在国民经济运行中发挥着某些特别的作用，有着极其特殊的地位。

（一）金融资本在商品流通中的作用

经济中的不同主体是存在异质性的，主要表现在偏好和技术两个方面。不同的时间偏好将引起经济主体的不耐性差异。更加耐心的人有更强的储蓄意愿，而更加不耐心的人有更多的消费需求，因此，偏好差异导致了消费需求的差异。技术异质性引起生产效率的异质性，进而引起要素需求和要素收入的不同。收入、投资和消费的异质性，必然会引起一部分个体有储蓄的意愿，另一部分个体有融资的意愿，则借贷活动必然会产生，信用这一范畴必然出现。在货币产生以前，这些信用活动是以实物借贷来完成的。但是在货币产生以后，货币借贷就成为了信用活动的主要形式。货币与信用的结合构成了金融这一范畴，而金融资本就是在货币信用活动中产生的。

金融资本能够促进商品的流通过程。第一，如果没有金融资本及货币信用活动，每一个经济主体都必须要为未来收入和需求的不确定性进行谨防性储蓄，以确保在未来收入下降或需求上升时，仍然能够平滑地消费。由于存在谨防性储蓄，社会的商品需求规模会减少一部分，商品必然存在过剩，商品流通受阻。第二，如果没有金融资本及货币信用活动，社会将是无限个"自耕农"经济。虽然有商品交换，但是没有经济主体之间的储蓄投资行为，每个经济主体只能自我储蓄、独立投资进而独立生产，难以实现社会扩大再生产，无论是商品流通的规模，还是生产规模都将受到限制。第三，如果没有金融资本及货币信用活动，生产过程因为买者和卖者的时间不一致性而受阻，商品流通将被迫延迟或中断。因此，金融资本为融资者提供了购买力，为储蓄者提供了资本保值增值的途径，极大地促进了商品流通和社会生产。

（二）从货币经营业到现代银行业

马克思将金融资本参与商品流通的过程表示为 G—G—W—G′—G′，"在这里，出现两次的是，1. 货币作为资本的支出；2. 货币作为已经实现的资本，作为 G′ 或 G + ΔG 的流回"。[①] 其中，"G—G"是金融资本从金融机构流到融资者的过程，而"G—W—G′"是资本价值增值的过程，"G′—G′"就是融资者向金融机构归还金融资本及其利息的过程。货币资本和金融资本在这里较大程度地统一起来。

随着金融体系的发展，执行贮藏职能的货币逐渐充当了金融资本。金融资本流转到企业后，一般立刻就被支付给原材料供应商和工人，执行货币的支付职能。虽然货币并非都是金融资本，但是，作为金融资本的货币的确占了社会中货币的绝大部分。而且，在无限信用货币的制度下，货币创造是由"贷款—存款"过程实现的，换言之，"银行发放贷款给企业—企业支付员工工资—员工存款增加"的金融资本流转过程就是货币创造的过程。派生存款所形成的广义货币都属于金融资本，其占全部货币的比重非常高，且与货币创造乘数正相关。作为金融资本的货币与非金融资本的货币一样，也执行着货币的贮藏、流通和支付职能。

最初，由于货币需要有一部分作为贮藏货币，于是产生了货币经营业的货币保管、记账的职能。随后，"出售时的收入货币，支付中的付款和收款，支付的平衡……都是由货币经营者作为单纯的出纳业者替商人和产业资本家完成的"，于是货币经营业也具有支付清算的职能。最后，由于"借贷的职能和信

---

① 马克思恩格斯选集：第二卷，[M]．北京：人民出版社，2012：541.

用贸易同货币经营业的其他职能结合在一起，货币经营业得到了充分的发展"[1]，形成了现代银行业。

由于作为金融资本的货币占有了经济中货币的绝大多数比例，且金融资本执行了货币绝大多数的重要职能，因此，经营货币保管、支付和结算的行业、出纳业者与经营金融资本的行业整合在了一起。在现代市场经济体系中，任何一笔非现金的交易都需要通过银行来完成，无论是转账还是支付，存款还是购买理财产品，无一例外。更为重要的是，在现代市场经济体系中，金银不是货币，贮藏货币的方式是把它存在银行中。除了流通中有限的现金，大部分货币都不会游离于银行体系之外。由于银行业掌握了货币结算的专有权利，因此，它对国民经济的运行至关重要。

（三）金融安全与金融行业壁垒

货币结算是银行体系的重要职能，社会的所有交易信息都被掌握在银行手中，因而银行是经济的制高点。为了国民经济运行的安全和稳定，政府往往会提高银行业的准入门槛，并且对银行业实施较严格的监管。从另一个方面讲，控制银行业就控制了金融资本，进而控制了巨额财富，因而私人部门也有控制银行业的动机。一旦私人部门掌控了银行，银行就能够为它们提供更便利的金融服务，它们也可以利用银行的金融资本投资获利。因此，银行业是政府和私人部门都非常重视的行业，考虑到经济稳定，政府必然要为其设置行业壁垒，谨防私人部门和境外势力的涉入。

二、金融资本的规模经济特征

资本的边际收益率随着资本的增加而不断下降，即资本边际收益递减规律，是经济学的基本原理之一。然而，现代市场经济中的金融机构常常既保持着高速的资产增长率和资本增长率，又保持着稳定甚至上升的资本收益率。金融资本具有一般资本的共性，也具有金融资本的特殊性。一方面，受到边际收益递减规律的影响，金融部门资本收益率随着金融资本的增加趋于下降；另一方面，市场结构、风险承受能力等其他因素使金融部门具有规模经济的特征，使资本收益率不断上升。这两种力量的相对大小决定了金融部门资本收益率最终呈现出的变化规律。

---

[1]　马克思恩格斯文集：第七卷，［M］．北京：人民出版社，2009：356.

存款性债务①是金融机构最主要的"原材料"，而存款利息支出就是银行最主要的成本。平均存款利息成本随银行存款的变化是不确定的。一方面，商业银行存款需求上升可能会推高存款利率。在短期中，家庭的收入变动有限，银行只有提高存款利率才能够使家庭进一步减少消费、增加存款储蓄。这就是边际收益递减规律所起的作用。另一方面，银行规模越大则风险越小，往往能够以更低的融资成本获得存款。在存款利率相同的情况下，储户会更倾向将资金存在更大的银行。而小银行必须提供较大银行更高的存款利率，才可能吸纳到存款。从这个角度讲，规模大的银行反而具有较低的融资成本。这是金融资本的特殊性。

综合来看，银行长期平均利息成本与存款规模的关系，取决于这两种力量的相对大小。而且，当银行存款规模不同时，这两种力量的相对大小也不同。在银行规模较小时，存款的风险溢价成本较高，第二种力量比第一种力量更强；在银行规模较大时，存款的风险溢价成本基本可以忽略，则第一种力量就更明显。例如，从风险角度来考虑，若资金的收益率相同，人们不会将钱存入"余额宝"或者苏宁银行，而是存到工、农、中、建等大型商业银行，但是，人们可能并不在意是把钱存到总资产超过 20 万亿元的工商银行，还是存到总资产 10 万亿元的中国银行。

进一步分析，从银行业的整体来看，存款的供给并不是有限的。根据存款货币创造理论，银行将所吸收的存款再贷放出去，经过一番流转后，会形成另一家银行的新存款。也就是说，每多吸收的一笔存款都为未来吸收存款奠定了基础。可以认为，存款的长期供给并不是有限的，长期的存款利率并不会因存款的稀缺而上升。也就是说，上述引起平均利息成本上升的第一种力量在长期中不显著。因此，整体而言，银行的平均利息成本与存款规模之间的关系是负相关的。如图 5 - 10 所示，从全球的上市银行来看，资产规模越大的银行，其平均利息成本越小，这与本研究的分析是相吻合的。此外，除了存款利息，银行成本还包括银行网点的建设和运维、存取款机器设备的投资。这些成本大多呈现前期投入较高、后期成本较低的特点。因此，总的来看，金融资本具有规模经济的特征。

2013 年 6 月，中国银行间市场隔日拆借利率达到 13.44%，这就是著名的暂时性流动性短缺事件——"钱荒"。当时，四家大型股份制商业银行都握有

---

① 存款性债务包括存款、金融债券和理财产品等。由于它们具有类似的特征，因而在本节中以存款为例进行阐述。

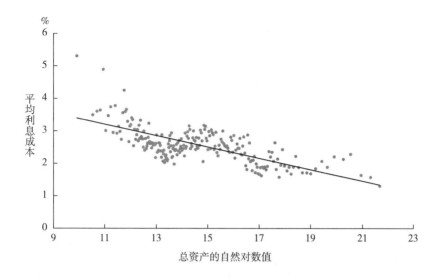

数据来源：Bankscope 数据库。平均利息成本是用总利息费用除以总资产度量的。为了清晰地展示二者的关系，我们对数据进行了分位数平均处理，以总资产的自然对数值排序，每 100 个点平均一次。

图 5 – 10　全球上市银行平均利息成本与总资产的关系（2000—2014 年）

充足的资金头寸，出于对市场的不良预期，它们都降低了银行间市场的资金供给。由某一家或者几家企业控制着某一种资源的供给，就是垄断或寡头垄断的形态。"钱荒"事件，在一定程度上反映了我国银行业所具有的垄断性特点。

穆勒最早在《政治经济学原理》中就提出了自然垄断的概念，他认为"地主垄断了土地这种要素，而获得了垄断收益——地租"（穆勒，1991）。这一时期的"自然垄断"与对稀缺的自然要素的控制力有关。在某种特殊的社会制度下，掌握某种自然要素的供给，就形成了垄断权利。例如，在中国古代，政府常常会利用"盐铁专营"等手段来对资源密集型行业实施垄断，获得巨大的财政收入，从而实现了"取之于无形，使人不怒"的富国目标（吴晓波，2013）。

Clarkson 和 Miller（1982）认为，自然垄断是生产函数呈现规模经济的状态，即平均成本随着产量的上升而递减。大型企业较小企业具有更突出的成本优势，从而能够在竞争中处于强势地位，渐渐地形成垄断。前文论述了，银行存在着规模经济的特性，也就是说，大银行的平均成本比小银行的更低，能够在市场竞争中获得更多的市场份额和收益。从而，银行业经过"大鱼吃小鱼"的竞争过程形成了垄断性的市场结构——少数几家大银行控制大部分的银行资产。

自然垄断与规模经济还存在着互为促进的放大效应。一方面，规模经济的银行随着规模的不断上升，必然会有更高的收益率。更高的收益率意味着更高的资本积累速度，而银行资本加速积累就能形成更大的规模。另一方面，当一家银行是规模经济的，随着规模的不断上升，必然占据更大的市场份额，并且获得更强的市场垄断力量。更强的市场垄断力量帮助银行在市场中获得更大的定价权，以及与借款者更强的议价能力，从而通过垄断地位获取更高的收益，形成更大的规模。

值得注意的是，当前主要经济体的银行业市场结构并未形成完全垄断，而主要是以"寡占"的形式存在，反映为较高的集中度。如我国，工、农、中、建四家大型股份制商业银行占据了中国银行业超过50%的资产份额。可是，事实上，中国的四大股份制商业银行皆是由政府绝对控股，其经营管理仍具有一定的行政干预色彩，市场化程度较低，银行之间并不能形成有效竞争。学术界研究认为，银行市场集中度越高将使银行更容易获得高收益（Jeon 和 Miller，2002；Nier，2000；Tregenna，2009）。基于"结构—执行—绩效"框架的观点，市场集中度越高，各银行间就更容易合谋，进行统一定价，从而获得垄断利润。

三、金融资本的流动性和投机性

由于金融资本具有可交易性，它的所有者不必持有至到期，可以通过在市场中交易的方式获得本金和收益。金融资本的可交易性是以它的流动性为保障的。金融资本的流动性和投机性使大量金融资本参与到资本市场交易中，从而形成了活跃的资本市场。在人类"动物精神"的影响下，资本市场可能出现"非理性繁荣"，也即资产价格泡沫。资产价格泡沫的分配效应使一部分投资者获得了较高的收益率。

（一）金融资本的流动性与资产交易收入

绝大多数与直接融资相关的金融资本都具有流动性，如股票、债券、期货等。它们能够在对应的资本市场或场外市场中交易，从而使金融资本的所有者提前取回金融资本的本金及相应的投资收益。

金融资本的流动性改变了它的获利方式。在市场上交易的金融资本会形成交易价格。价格一方面由市场供需关系所决定，另一方面由其内在投资价值所决定。根据资产的现金流定价，我们知道，某金融资产在 t 期的理论价格应等于：

$$P_t = E_t \sum_{s=t}^{N} (\rho^{s-t} M_s) \tag{5.1}$$

其中，E_t 是期望符号；N 是该金融资产所对应金融合约的总存续期数（如果是股票则 $N = +\infty$）；ρ 是贴现率；M_s 表示 t 期的收益或本金。虚拟资本的内在投资价值，就是该虚拟资本所对应的金融资本投资的预期现金流的贴现值。

假设有两组金融资本投资项目，A 和 B。其中，A 项目的持续期数为 N，每期的收益，包括最后一期的本金可以表示为 M_t；B 项目是由 N 个 1 期的子项目构成，分别对应了 N 个时期，对应着 t 期的子项目都能获得与 A 项目在 t 期时一样的收益，此外，每一个子项目完成后，都可以获得本金归还。那么，分别完成这 N 个 1 期子项目（项目 B）和直接完成 N 期的项目 A 的收益路径是一致的，也就是说，这两组项目是等价的。如果 A 项目所对应的金融资产 A 的价格恰好能够由式（5.1）所决定，那么，在任何时点 m 买入和在任何时点 n 卖出金融资产 A 所获得的收益，就必然与在 m 时点至 n 时点期间逐步投资 B 项目组的子项目所获得的收益相同。这个例子说明，金融资本的可交易性突破了金融资本投资的时间不可分性[①]，交易金融资本所获得收益，与投资时间分割的金融资本投资项目是等价的。这就是金融资本的资产交易收入。

（二）金融资本的投机性、"动物精神"与资产价格泡沫。

金融资本的实际价格并不能在每一时点都恰好等于其未来收益的贴现值（即理论价格）。金融资本的价格具有波动性，而这种波动性引起了金融资本的投机性。这种投机性可能会诱发资产价格泡沫。

每一时刻的金融资产价格是由该金融资产的供求所决定的。而金融资产的供给和需求，是取决于供给者和需求者对金融资产价值的预期。如果供给者预期某种金融资产的未来收益是上升的，那么他就会提高该种金融资产的出售价格。同时，如果需求者也有着相同的预期，需求者也会提高对该金融资产的心理价格。只要需求者的心理价格低于出售者所制定的价格，交易就会达成，该金融资产的价格也会由此形成。从供求的角度分析金融资产价格，与分析一般商品的价格决定是类似的。进一步分析，金融资产的交易是否能够达成，金融资产的交易价格是否发生变动，取决于市场参与者的异质性信念。由于每个投资者掌握的信息不同，投资技术存在差异，以及自身的风险偏好程度不同，因而每个投资者对同一种金融资产的预期价格必定不同。市场参与者信念的异质

---

① 事实上，金融资本投资的数量不可分性也可以被解决。虚拟资本往往是分割成若干个单位进行交易的，交易者可以选择性地仅购买和卖出某个项目的一部分的虚拟资本。

性程度，影响了价格的波动程度和换手率。价格的波动，使金融资本具有了投机性。

仅从异质性信念却并不能回答，为什么金融资产的价格波动会比一般商品的价格波动大得多。一般商品在价格偏离价值时，就会向价值回归，价格波动幅度较小。而金融资产的价格，往往会先形成较大的泡沫，再以泡沫破灭的方式回归潜在均衡。席勒教授把资产价格泡沫称作"非理性繁荣"，并且认为，由于人类的"动物精神"，"非理性繁荣"会不可避免地出现。席勒在《非理性繁荣》中论述道："投机泡沫是这样一种情况：关于价格上涨的新闻刺激了投资者热情，投资者热情通过心理感染在人群中传播，并在此过程中放大可证明价格上涨合理性的故事。"这吸引了"越来越庞大的投资者群体，尽管他们怀疑投资的真实价值，但也被吸引入局，部分是因为他们嫉妒他人的成功，部分则是因为赌徒的兴奋"。由此可见，"动物精神"反映了人们的一种非理性特征，人们会在资产价格泡沫中，失去理性预期，形成对资产价格的过度预期，不断地将资本投入到金融资产的交易中。没有人会关注持有金融资产至到期时的收益，或者金融资产的分红收益，只是会关注金融资产的未来价格走势。

（三）资产价格泡沫对金融资本的分配效应

资产价格泡沫的形成与破灭，对经济稳定有着重要的影响。但是，我们所更加关注的是，资产价格泡沫对金融资本的收益率有何影响。2008 年，起源于美国的国际金融危机引起了全球经济的大衰退，大量的金融机构和投资者在金融海啸中遭遇了损失，以雷曼兄弟为首的众多金融机构都遭到了重创。但是资产价格泡沫对于金融资本具有分配效应，部分金融机构和金融资本的实际控制者获得了大量的财富，而大多数的个人投资者承受了资产价格大跌的损失。

资本市场本身不是零和游戏。从整体上看，通过金融资产交易获得的回报也是以金融资本在生产环节增值为最终的来源。但是，在泡沫形成和破灭的这一段相对短暂的时间内，证券市场的分红、IPO 和增发都是相对有限的，这些变动与股票市值的波动幅度相比显得微不足道。更确切地说，这些能够真正改变股票市场价值的因素，并不能为"非理性繁荣"期间的市值膨胀提供解释。因此，这一短时期内的股票交易可以被看做是"零和"的。那么，对于一个遭受损失的股票交易者而言，他在股价的高位买入，而在低位卖出，则必然有一个或几个对手交易者，在股价的高位卖出，而在低位买入。需要指出的是，股票的二级市场本身并不能"吸金"，股票的买入和卖出，都是同时完成的，资本总是从一个投资者的账户上流向另一个投资者的账户。因此，在资本市场价格大涨大跌期间，既然有一部分参与者遭受了巨大的损失，那么就必然有一部分参与者获得了巨大的收益。这就是资产价格泡沫的分配效应：一部分的投资者在泡沫破灭后，获得了较高的资本收益率，而另一部分投资者则遭受了巨大的损失。

2015 年上半年，我国股票市场经历了一次泡沫形成和破裂过程。图 5 - 11 展示了上证 A 股指数的季度涨跌幅与资本市场服务业上市企业的平均投资收益率的对比图。2014 年底至 2015 年上半年，我国股票市场价格迅速攀升，达到 5 000 点高位，随后在 2015 年 6 月开始迅速下降，2015 年第三季度跌幅超过 20%。可是，如图 5 - 11 所示，证券公司等金融机构在股票市场最高位和泡沫刚刚开始破裂的 2015 年第二季度实现了 94% 的投资收益率，即便是在股票市场泡沫破裂后，第三季度仍然实现了 49% 的投资收益率。显然，在这一次股票市场的震荡中，大部分金融投资机构没有遭受损失，反而获得了巨大的收益。遭受损失的是小型金融投资机构和广大个人投资者。

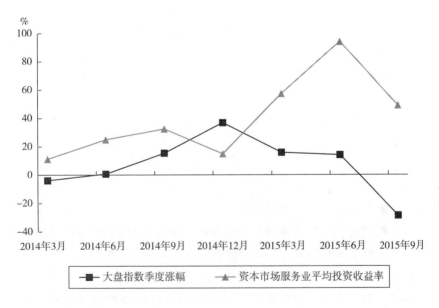

数据来源：Wind 数据库。

图 5 - 11　上市资本市场服务业的平均投资收益和大盘指数季度涨幅

在资产价格泡沫形成与破裂的过程中，规模较大的金融机构所控制的金融资本能够获得极高的收益率，而其他市场参与者却遭受了巨大损失，有如下几方面的原因：第一，规模较大的金融机构具有信息优势。信息对资本市场的交易具有很重要的影响。大金融机构具有更广泛的信息来源和更优秀的信息搜集和甄别功能，从而能够更好地利用信息，在正确的时点买入和卖出金融资产。第二，规模较大的金融机构具有投资技术。金融机构往往具有更专业化的团队，具有更专业的投资技术，不仅能提高决策的正确率，还能够避免"非理性"投资。第三，规模较大的金融机构具有资本优势，能够干预市场价格。尽管在严格的市场制度下操纵市场是违法的，但是，掌握着大量金融资本的大金融机构仍然能够在一定程度上对资本市场价格推波助澜，在达到理想的价格之后，再撤出资金获利，却使后入场的中小投资者遭到损失。

总之，资本市场上的资本控制者正是利用了中小投资者的"动物精神"，在资产价格大幅波动中获利。因此，资产价格泡沫具有分配效应，使掌握更多金融资本的投资者获得了更高的投资收益，为金融机构的高收益提供了来源。

第四节　本章小结

第四章提出了导致金融部门相对收益率不断上升的五个直接原因，本章在这五个原因的基础上，深入分析其背后的深层影响因素。通过从经济发展方式、国家货币制度和金融资本属性等三个方面进行分析，本章得到了以下几个深层次的原因。

第一，在投资驱动的经济发展方式下，政府投资大量依靠金融体系融资，刺激性政策引起了金融机构杠杆率迅速上升。随着资本的不断积累，资本边际效率不断下降，投资驱动的经济发展方式也将不再适宜，实体经济融资的数量和有效性都开始下降。这两方面的原因将导致金融部门资本收益率不断上升，非金融企业资本收益率上升缓慢甚至下降。

第二，当前我国实行的是完全的信用货币制度，货币供给不受自然因素的制约，只能依靠货币政策来约束。刺激经济增长的货币政策使货币供应不断增加，一方面使金融机构杠杆率不断上升，另一方面也使资产价格不断上涨。完全的信用货币制度也为金融机构带来一定的因存款货币创造而实现的铸币税收入。

第三，金融资本的逻辑从三个不同的方面影响了金融部门相对资本收益率。首先，金融资本的运动能够促进商品流通和社会扩大再生产。在这一过程中，充当金融资本的货币和充当交易手段和贮藏职能的货币渐渐融为一体。货币支付结算、保管与金融资本借贷有机地结合，成为金融机构的主营业务。货币支付和清算业务汇集了经济中的信息流，是国民经济中至关重要的环节。出于对国家安全的考虑，政府对银行业实施了较强的行业监管和设置了较高的准入门槛，来保证金融体系和国民经济的稳定。其次，金融部门的金融资本具有规模经济的特征。随着金融资本的不断积累，金融机构的风险下降，获得存款的成本逐渐降低。因而金融机构的长期平均成本存在下降的趋势。规模经济特征促使金融业较容易形成自然垄断，形成集中度较高的市场结构。垄断程度的提高不利于价格机制发挥资源配置的作用。集中度较高的市场结构会引起大银行之间的合谋，从而使利率定价被扭曲。最后，金融资本具有流动性和投机性。金融资本的流动性和投机性使繁荣的资本市场自然而然地形成。在人类"动物精神"的作用下，资本市场常常形成资产价格泡沫。资产价格泡沫具有分配效应，使掌握更多信息、技术和金融资本的机构投资者获得了更高的投资收益率。这也是引起金融部门资本收益率不断上升的原因之一。

第六章

金融部门资本收益率上升
对经济金融化、空心化的影响

第四章和第五章对金融部门资本收益率不断上升且长期大于非金融企业资本收益率的直接原因和深层原因进行了剖析，本章将着重分析金融部门资本收益率上升对经济金融化和经济空心化的影响。在持续的深化改革中，中国经济保持30多年的高速增长，引起了国内外学术界的广泛关注（Chang et al.，2015；Cheremukhin et al.，2015；Song et al.，2011）。然而，学术界主要关注实物资本积累，却较少关注金融资本的变化。进入21世纪以来，我国经济金融化程度持续提升，经济空心化开始出现，非正规金融市场迅速膨胀，房地产价格也出现了泡沫化。这些金融经济现象是否与金融部门相对收益率的上升有关，是本章要回答的问题。本章先对经济金融化和经济空心化的事实进行梳理，再构建动态随机一般均衡模型，通过数值模拟分析金融部门资本收益率上升对经济金融化和空心化的影响。

第一节　典型事实和建模思路

一、金融部门资本收益率与经济金融化

"经济金融化"是"经济货币化"的延伸和发展，定义为一国国民经济中货币及非货币性金融工具总值与经济产出总量之比值的提高过程及趋势（王广谦，1996）。经济金融化是经济发展的必然趋势，是发展中国家实现从金融浅化向金融深化转变的重要过程。然而，过高的经济金融化程度不仅不会促进经济增长，还将阻碍经济增长（Arcand et al.，2012；Cecchetti 和 Kharroubi，

2012）。自 2000 年以来，中国经济金融化程度增长迅速，反映了我国经济的"加杠杆"过程。面对这一现象，要抑制金融发展中过度虚拟化的倾向（王广谦，1997），使金融体系促进经济的长期增长，必须要明晰经济金融化水平过快提高的原因。本章试图从金融部门资本收益率变化的角度来回答这一问题。

改革开放以来，经济金融化水平不断提升是中国经济最重要的特征之一。一些研究指出，经济金融化水平的上升是因为银行体系响应国家战略、为重工业企业投资提供大量长期贷款（Cheremukhin et al.，2015）。然而，这一观点无法解释 2000 年以后非信贷金融资产规模①占 GDP 之比的快速上升。

图 6-1 展示了 2000—2014 年，金融机构总资产占 GDP 比重、非信贷金融资产占 GDP 比重、商品房平均交易价格和金融部门资本收益率的变化趋势。它们不仅都呈现了上升趋势，而且存在较强的正相关性（相关系数大于 0.7）。其中，2014 年房地产价格是 2000 年的 3 倍，经济金融化程度提高了 50%，而非正规金融规模上升了 1 倍以上。李健、邓瑛（2011）认为，货币供应量是房地产价格上升的格兰杰原因。由于广义货币量的增长中也反映了金融机构金融资产的上升，因此，这也佐证了经济金融化程度与房地产价格之间的关系。

关于非正规金融市场发展对经济发展的影响，学术界持有不同的观点。第一，非正规金融市场的发展是对正规金融的补充，能够缓解中小企业融资难问题（林毅夫、孙希芳，2005）。但是，非正规融资渠道的高成本将企业"融资难"转化为"融资贵"，并未从根本上解决中小企业融资问题。第二，金融监管不足使非正规金融市场积聚了大量风险，从而削弱了金融体系的稳定性（李建军、田光宁，2011；刘超、马玉洁，2014；毛泽盛、万亚兰，2012）。第三，游离于监管之外的非正规金融市场还将对货币政策的实施效果造成影响（李波、伍戈，2011；裘翔、周强龙，2014；王振、曾辉，2014）。因此，非正规金融市场发展不仅不能促进经济增长（沈悦、谢坤锋，2013），可能还会阻碍金融体系和宏观经济的平稳运行。

二、金融部门资本收益率与经济空心化

经济空心化和非金融企业金融化是一个硬币的两面，它们是引起经济金融

---

① 本研究把金融机构资产分为两类，贷款和非信贷类资产。前者一般是通过银行直接以贷款合约的形式放贷给企业，是正规金融资产；后者包括信托、基金、保险、非标业务等资产，主要通过其他非银行金融机构从事了类银行投融资业务而产生，这些业务也可以称作影子银行业务（或非正规金融，Shadow Banking）。

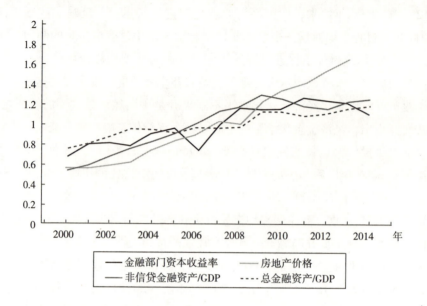

注：为了排除数量级的干扰，所有变量均除以了观测阶段内的变量均值。金融部门资本收益率的数据来源与图3-9相同，其他变量来源于中国国家统计局。

图6-1　2000—2014年金融部门资本收益率、经济金融化、
影子银行和房地产价格的变化趋势

化的微观原因之一（蔡明荣、任世驰，2014）。当企业从事生产的盈利性下降时，就会转而将资本投向金融投资活动。如1963—1981年，美国越来越多的非金融企业通过从事金融业务来提高利润；到1981年时，金融收益占总利润的比重甚至超过了90%（Niggle，1986）。

当前，我国也已经出现了经济空心化的特征，大量非金融企业为了获得金融业务高收益，将原本用于生产的资金投向了金融市场（刘珺等，2014）。图6-2展示了2007—2014年中国上市非金融企业从事类金融投资的情况。可以看出，类金融投资业务上升非常迅速，8年时间已经翻了10倍，从2007年Q2的476.46亿元增长到2014年Q4的4 710.68亿元，达到了中国2014年GDP总量的0.8%。这表明，越来越多的企业将原本应投向生产活动的资金投向了金融活动；产业资本从实物资本中抽离出来，逐渐转向金融资本。但是，迫于投资渠道的限制和金融业行政管制的存在，这些产业资本需要通过特殊的渠道进行类金融投资，这就为非正规金融市场的发展提供了空间。

更为重要的是，类金融投资的收益率平均达到了34.76%（见图6-3），远超过主营业务净资产收益率（12.01%）和资产收益率（5.08%）。收益率

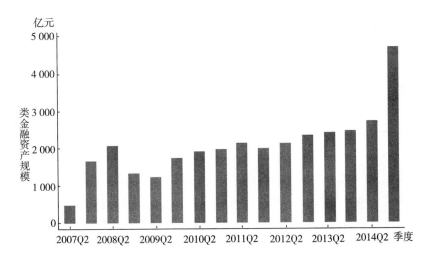

数据来源：2000—2006 年数据引自刘珺等（2014），2007—2014 年数据为作者根据国泰安上市企业数据库按同样口径和方法计算整理得来。

图 6 - 2　2007Q2—2014Q4 上市非金融企业类金融资产规模

的巨大差距，揭示了非金融企业从事类金融业务的原因。资本是逐利的。在扣除了风险成本和调整成本之后，投资金融活动仍然能够比扩张实体生产更有利可图，企业家们就会将产业资本转化为金融资本形式，投向金融活动。社会资本向虚拟资本的转化（"脱实向虚"），将对我国的经济转型和经济可持续发展带来严峻挑战（韩鑫韬，2012；詹向阳，2012）。

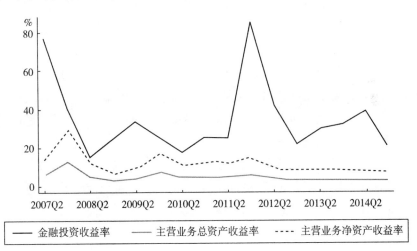

数据来源：2000—2006 年数据引自刘珺等（2014），2007—2014 年数据为作者根据国泰安上市企业数据库按同口径和方法计算整理得来。

图 6 - 3　2007Q2—2014Q4 上市非金融企业类金融投资收益率与生产资本收益率

三、模型构建的思路

为了解释这些现象，我们从金融部门资本收益率的角度进行分析。本研究构建含有两类异质性企业和受资本约束银行的一般均衡模型。自20世纪90年代以来，前瞻的、具有微观基础的新凯恩斯主义模型，是宏观经济研究中最为重要的进展。它继承了 Kydland 和 Prescott（1982）开创的真实经济周期（Real Business Cycle，RBC）理论的动态随机一般均衡（Dynamic Stochastic General Equilibrium，DSGE）方法，同时也保持了与传统 IS-LM 分析框架的一致性。新凯恩斯主义模型在 RBC 理论中跨期选择和理性预期等因素的基础上，通过引入价格黏性和垄断竞争等因素，较好地体现了现实经济中货币政策冲击对产出和通胀等宏观经济变量的动态影响，因而成为研究货币政策问题的主要框架[①]。

模型中的时间为离散和无穷期的。如图6-4所示，模型包含七个部门：家庭、不同生产效率的两类中间品生产商（非金融企业）、最终品生产商、商业银行（金融部门）和中央银行。与 Song 等人（2011）和 Chang 等人（2015）的企业分类方法不同，我们将企业分为死亡率高、不耐性（Impatience）更强的科技新兴企业（Emerging Firms）和死亡率较低、不耐性较弱的传统企业（Traditional Firms）。这样分类的原因在于，"抓大放小"之后，国有企业的效率也大幅提升，"国企—私企"的划分方式不再适合当前我国的国情（Hsieh 和 Song，2015）；"死亡率"异质性更能够突出风险，以及银行风险态度对信贷配置的影响。

模型以抵押约束的形式引入金融摩擦（Kiyotaki 和 Moore，1997）。商业银行发放贷款时，要求抵押品的目的是为了控制贷款的偿付风险。由于抵押资产在清偿时存在市场风险和交易成本（Besanko 和 Thakor，1987），银行贷款的抵押率[②]一般小于1。基于企业异质性的风险，商业银行内生地决定了两类企业的抵押率，从而对不同企业提供不同的贷款条件，这就是歧视性融资约束。如图6-4 Panel A 所示，商业银行对传统企业的信贷支持力度是大于科技新兴企业的。为了在风险控制目标和利润目标之间保持平衡，当商业银行的盈利性外

---

① 在基于新凯恩斯主义框架的货币政策研究方面，Clarida 等人（1999）给出了详细的综述，Woodford（2003）提供了统一的分析框架。随后一些学者将该方法运用于对美国经济的研究（Christiano et al. , 2005；Smets 和 Wouters，2007）和欧元区的研究（Smets 和 Wouters，2003）。

② 抵押率（Loan to Value Ratio）指贷款额与抵押品市场价值之比。

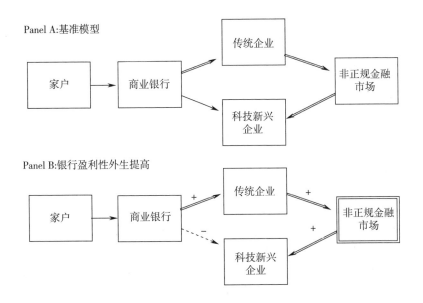

注：Panel A 是基准模型，Panel B 描述了在基准模型下，金融部门资本收益率突然上升的影响，箭头粗细（虚线表示比实线更细的线）反映了资金量的变化，"＋"和"－"分别代表资金量增加和减少，双线方框代表资金规模上升。

图6－4　模型思路与传导机制

生地提高时，它会加强风险管控，提高信贷约束的歧视性程度。如图6－4的Panel B 所示，商业银行对传统企业的贷款支持会进一步上升，而对科技新兴企业的贷款会进一步减少。

由于不耐性和死亡率分别反映了企业家才能和风险，在一定程度上决定了企业的收益率和风险溢价，因此，科技新兴企业较传统企业有更高的资本收益率。此外，模型还引入了供给外生的房地产市场和不同类型企业之间的非正规金融市场，为分析房地产价格变动和非正规金融市场规模变化提供了基础。如图6－4的Panel B 所示，科技新兴企业由于无法从银行获得足够的贷款，于是向影子金融市场进行融资。影子金融市场虽然风险控制条件相对宽松，但融资成本较高。传统企业能从银行获得更多的信贷资金，但因其自身的生产性投资收益率较低，则将资金投资于影子金融市场来获取较高的回报率，从而造成了影子金融市场的膨胀和经济空心化程度上升。此外，企业对贷款的需求也带动了抵押品价格的上升。

第二节　理论模型

一、居民家庭①

由于在不同企业的劳动是具有异质性的，因此，不同的劳动获得的效用不同。代表性家庭选择消费 c_t 和劳动 n_t^L 和 n_t^S 在最大化预期终生效用：

$$E_0 \sum_{t=0}^{\infty} \beta^t \left\{ \log c_t - \frac{(n_t^L)^{1+\sigma_L}}{1+\sigma_L} - \frac{(n_t^S)^{1+\sigma_S}}{1+\sigma_S} \right\} \tag{6.1}$$

其中，E_0 为期望算子；β 为代表性家庭的主观贴现因子；σ_L 和 σ_S 分别是代表性家庭受雇于传统企业和科技新兴企业的劳动替代弹性的倒数。代表性家庭的预算约束如下：

$$c_t + d_t = \frac{r_{t-1}^d d_{t-1}}{\pi_t} + w_t^L n_t^L + w_t^S n_t^S + F_t - T_t \tag{6.2}$$

其中，d_t 是家庭存入商业银行的存款；r_t^d 是名义存款利率；π_t 是通货膨胀率；w_t^L 和 w_t^S 分别是受雇于传统企业和科技新兴企业的实际工资率；F_t 是来自所有企业和商业银行的分红、商业银行管理层薪酬，以及企业倒闭后的转移支付；T_t 是一次性总付税，包含了每期新成立企业的原始资本②。则家庭最大化效用的一阶条件是

$$1/c_t = \lambda_t^H \tag{6.3}$$

$$1 - \beta(r_t^d/\lambda_t^H) E_t\{\lambda_{t+1}^H/\pi_{t+1}\} = 0 \tag{6.4}$$

$$(n_t^L)^{\sigma_L} = \lambda_t^H w_t^L \tag{6.5}$$

$$(n_t^S)^{\sigma_S} = \lambda_t^H w_t^S \tag{6.6}$$

其中，λ_t^H 是预算约束的拉格朗日乘子，也即家庭消费的边际效用。把式（6.3）代入式（6.4），即可得到家庭消费的欧拉方程。

二、金融部门

以商业银行作为金融部门的代表。商业银行最终归家庭所有，与家庭具有

---

① 由于本章模型的变量较多，所有的字母均在本章独立地表示含义，与其他章节的不同。对相同含义的变量，我们用上标 L 和 S 来区分传统企业和科技新兴企业，用上标 B 表示金融中介，上标 d 和 l 表示存款和贷款。

② 我们假设企业死亡的数量与新增的数量相等，这样设定是为了保证企业数量维持不变，从而能够有效简化地进行分析。所有的企业都归家庭所有，都拥有和家庭一样的时间偏好率 β。

相同的主观贴现因子，将自己的利润全部分红给家庭。与 Gerali et al. （2010）对银行家的设定不同，本模型中的商业银行，没有最大化银行家的预期消费效用，而是最大化商业银行管理层薪酬的预期效用，二者是等价的（Aksoy 和 Basso，2014）。因此，商业银行的目标函数为

$$E_0 \sum_{t=0}^{\infty} \{ [\beta(1 - \zeta)]^t \log(\vartheta F_t^B) \} \tag{6.7}$$

其中，F_t^B 是商业银行的当期利润；ϑ 是商业银行管理层薪酬占利润的比重①；另外 $1 - \vartheta$ 部分即是向家庭的分红。β 是银行的主观贴现因子，与家庭一致。ζ 是银行盈利性溢价因子，即商业银行相对于家庭资产收益率的超额收益②，反映了银行的经营管理水平。通过控制 ζ 参数的取值，就可以外生地设置金融部门资本收益率上升。第四章和第五章对金融部门资本收益率上升的原因进行了许多分析，但是，受技术限制，本研究难以将这些原因都在模型中予以刻画，故模型中采用外生给定金融部门资本收益率上升的方式来分析其对经济金融化和经济空心化的影响。

商业银行以存款利率 r_t^d 从家庭吸收存款 d_t③，并以贷款利率 r_t^L 向中间品企业发放贷款 l_t。商业银行在每一期获得上一期的贷款利息和本金，支付上一期存款的利息和本金，随后再吸收存款当期的存款，并发放当期的贷款。银行面临的预算约束可以表示为

$$\vartheta F_t^B + (1 - \vartheta) F_t^B + l_t + \frac{r_{t-1}^d d_{t-1}}{\pi_t} = d_t + \frac{r_{t-1}^L l_{t-1}}{\pi_t} \tag{6.8}$$

参考 Iacoviello（2015）的设定，商业银行面临资本充足要求，存款不能超过其总资产的一定比重，即满足如下约束：$d_t \leqslant v_t l_t$，其中，v_t 是稳态为 $\bar{v} \in (0,1)$ 的对数 AR(1) 过程：

$$\ln v_t = (1 - \rho_v) \ln \bar{v} + \rho_v \ln v_{t-1} + \varepsilon_v \quad \varepsilon_v \sim i.i.d.\ N(0, \sigma_v^2) \tag{6.9}$$

ε_v 是服从正态分布的外生扰动，ρ_v 是外生冲击的持续性。这一约束限制了银行吸收存款的数量，它要求银行必须具有一定的自有资本。这看起来与中国现实中的存贷比监管规则是违背的，其实不然，在现实中，金融资产 l_t 除了包

---

① 为了简化模型，我们假设管理层寻租收益的比重不会随着改组概率的变化而变化，但即便引入，除了使模型复杂之外，并不改变本研究模型的结论。

② 稳态金融部门资本收益率（季度）值近似为 $[\beta(1 - \zeta)]^{-1} - 1 \approx 1/\beta - 1 + \zeta$，恰为家庭存款利率与溢价因子之和。

③ 我们对存款的供给和需求使用同样的字母，内含了存款市场的均衡。随后的劳动力市场也将才用这种方式设定。

括贷款，还应该包括存款准备金、中央银行票据、国债和企业债等其他金融资产。如果我们设银行自有权益资本为 $k_t^b = l_t - d$，则该约束事实上等价于 $k_t^b \geq (1 - v_t)l_t$，而 $1 - v_t$ 恰好是资本充足率。根据巴塞尔协议Ⅲ所提出的风险控制要求，商业银行必须有充足的自有资本和附属资本来抵御流动性风险。设资本充足约束的拉格朗日乘子为 ξ_t^B，预算约束的拉格朗日乘子为 λ_t^B，则一阶条件为

$$1/F_t^B = \lambda_t^B \qquad (6.10)$$

$$1 - \xi_t^B = \beta(1 - \zeta) r_t^d E_t \{\lambda_{t+1}^B\} / \lambda_t^B \qquad (6.11)$$

$$1 - v_t \xi_t^B = \beta(1 - \zeta) E_t \{\lambda_{t+1}^B\} / \lambda_t^B \qquad (6.12)$$

三、非金融企业

（一）中间品生产企业

为了简化模型表述，我们记企业类型为 $i = L, S$，其中 L 代表传统企业，S 代表科技新兴企业。企业都归家庭所有，但是传统企业的主观贴现因子 $\beta^L = \beta$，而科技新兴企业的主观折现因子为 $\beta^S = \beta' < \beta$。企业的倒闭概率为 $1 - \eta^i$，利润为 F_t^i。则中间品企业的目标函数可以写作：

$$E_0 \sum_{t=0}^{\infty} (1 - \eta^i) ((\beta^i \eta^i)^t \{\log F_t^i\} \qquad (6.13)$$

中间品企业以工资率 w_t^i 雇佣劳动 n_t^i，购买土地 Δh_t^i，利用存量的土地 h_t^i 和劳动进行生产，向商业银行借款 l_t^i。与一般模型不同，我们引入了一个非正规金融市场，所有中间品企业都将参与其中，而商业银行不能参与。i 类中间品企业持有的非正规金融资产为 $b_t^i \in R$，毛收益率（即 1 加上利率）为 r_t^{SB}。由于非正规金融市场不要求抵押品，因此，只有当净融资企业存活时，净投资的企业才能获得归还的本金和利息。给定了 $\beta^S < \beta^L$，则有 $b_t^L > 0 > b_t^S$①，则投资非正规金融市场的期望收益为 $\psi^i r_t^{SB} b_t^i$，其中 $\psi^S = 1; \psi^L = \eta^S / \eta^L$。定义非正规金融市场的规模为 $b_t = b_t^L$，中间品企业将所有利润分红给家庭 F_t^i，则企业的预算约束为

$$F_t^i + \frac{l_{t-1}^i r_{t-1}^i}{\pi_t} + w_t^i n_t^i + q_t \Delta h_t^i + b_t^i = \psi^i \frac{r_{t-1}^{SB} b_{t-1}^i}{\pi_t} + l_t^i + \frac{y_t^i}{x_t^i} \qquad (6.14)$$

其中，q_t 和 $1/x_t^i$ 是房地产和中间品相对最终品的价格，y_t^i 是企业的产出，满足

---

① 本章第三节将对此证明。

Cobb – Douglas 生产技术：$y_t = z_t^i (h_{t-1}^i)^{\alpha^i} (n_t^i)^{1-\alpha^i}$，其中，$z_t^i$ 是对某一种企业的特异性技术冲击，满足对数 AR(1) 过程，α^i 是传统企业土地的产出份额。

本模型中没有纳入资本和投资，而是选择引入土地，是因为我们想刻画因充当抵押品而导致的土地价格变化，而不是从投资调整成本和托宾 q 来分析资产价格。诚然，没有模型化资本积累和投资会引起模型的现实性减弱，但是剔除投资的影响能够帮我们更清晰地判断金融资本收益变化对企业选择生产性经营和金融类投资的影响。

两类中间品企业向商业银行贷款，都需要以土地作抵押，受到如下抵押约束 $r_t^i l_t^i \leq m^i h_t^i E_t \{q_{t+1} \pi_{t+1}\}$，其中 m^i 是抵押率（Loan – to – Value Ratio）。向非正规金融市场投资 b_t，应满足如下流动性约束：$\omega_t b_t \leq l_t^L - q_t (h_t^L - h_{t-1}^L)$。该约束表明，企业把从银行获得的贷款，先用于生产要素（土地）的交易（也可以是卖出），剩余的资金再投向非正规金融投资的规模。ω_t 是稳态为 ω 的对数 AR(1) 过程，满足：

$$\ln\omega_t = (1 - \rho_\omega)\ln\omega + \rho_\omega \ln\omega_{t-1} + \varepsilon_\omega \quad \varepsilon_\omega \sim i.i.d. N(0, \sigma_\omega^2) \quad (6.15)$$

在该式中，ρ_ω 和 σ_ω 分别是外生扰动的持续性和标准差。$\omega \in [\underline{\omega}, +\infty)$，反映了非正规金融的创新和监管程度，其下限 $\underline{\omega} \in (0,1)$。当 $\omega > 1$ 时，意味着投向非正规金融市场的资金一定要严格小于从土地市场和银行贷款市场融得的资金，且 ω 越大，则表明监管力度越强。但是，$\omega < 1$ 反映了非正规金融市场的货币创造作用，尽管投放出去的真实资金仅有 ωb_t^i，但是经由企业间多次流转借贷，而形成了 b_t^i 的非正规金融市场规模。

在借贷约束、流动性约束和预算约束的基础上，最大化传统企业的效用函数，我们就可以得到传统企业的劳动需求函数、土地需求函数、信贷需求函数和非正规金融投资供给函数：

$$1/F_t^i = \lambda_t^i \tag{6.16}$$

$$x_t^i w_t^i n_t^i = (1 - \alpha^i) y_t^i \tag{6.17}$$

$$\lambda_t^i (1 + \zeta_t^i \omega_t) = \beta^i \eta^i \psi^i r_t^{SB} E_t \{\lambda_{t+1}^i / \pi_{t+1}\} \tag{6.18}$$

$$(1 + \zeta_t^i) q_t - \xi_t^i m^i E_t q_{t+1} - \beta^i \eta^i \frac{E_t \lambda_{t+1}^i}{\lambda_t^i} \left[\frac{\alpha^i E_t y_{t+1}^i}{E_t x_{t+1}^i h_t^i} + E_t \{(1 + \zeta_{t+1}^i) q_{t+1}\} \right] = 0$$

$$\tag{6.19}$$

$$-1 + \xi_t^i \frac{r_t^L}{E_t \pi_{t+1}} - \zeta_t^i + \beta^i \frac{E_t \lambda_{t+1}^i}{\lambda_t^i} \frac{r_t^L}{E_t \pi_{t+1}} = 0 \tag{6.20}$$

在以上的一阶条件中，λ_t^i 是预算约束的拉格朗日乘子，相当于企业家模型中的边际消费效用；ξ_t^i 是商业银行借贷约束的拉格朗日乘子，该乘子越大，反映了借贷约束的程度越强；ζ_t^i 是流动性约束的拉格朗日乘子，该乘子越大，反映传统企业的可用资源小于其真实意愿的非正规金融市场投资额。

（二）最终品企业

最终品企业是 $[0,1]$ 上的连续统，它们购买两类中间品企业生产的中间品，以 Cobb – Douglas 生产技术进行生产 $y_{it} = (y_{it}^L)^{1-\mu_y} (y_{it}^S)^{\mu_y}$，其中，$\mu_y$ 是传统企业生产的中间品所占的份额。在成本约束下最大化产出，我们可以推导出两种中间品的需求之比：$(1 - \mu_y) x_t^L y_{jt}^S = \mu_y x_t^S y_{jt}^L$。

接着，每一家企业的边际成本均可以表示成 $mc_{it} = 1/((1-\mu_y) x_t^L)^{1-\mu_y}$ $(\mu_y x_t^S)^{\mu_y}$。每一家最终品企业生产的最终品以 Dix – Stiglitz 函数进行加总：$Y_t = (\int_0^1 (y_{jt})^\theta dj)^{1/\theta}$，其中，$\theta$ 是最终产品的替代弹性。我们按 Calvo（1983）的交错定价方式引入价格黏性，最终品企业每期只有 $1 - \gamma$ 的概率能够调整价格，定价采取价格加成的定价方式，则我们可以推导出前瞻性的新凯恩斯菲利普斯曲线（New Keynesian Philips Curve）：

$$\log\pi_t = \beta\log\pi_{t+1} + \frac{(1 - \beta\gamma)(1 - \gamma)}{\gamma}\log(mc_t) \tag{6.21}$$

其中，最终品厂商的主观贴现因子与家庭相同，mc_t 是最终品厂商的边际成本，通货膨胀率满足 $\pi_t = P_t/P_{t-1}$。

四、竞争性均衡和货币政策

模型系统中，各个主体分散决策，劳动力市场、商业银行信贷市场、非正规金融市场、土地市场、两类中间品市场和最终产品市场在竞争中实现均衡。其中最终产品市场出清：$c_t = Y_t$。两类中间品市场均衡，由积分形式给出：$\int_0^1 y_{it}^L di = y_t^L$、$\int_0^1 y_{it}^S di = y_t^S$。我们不考虑家用住房用地，仅考虑生产所需的土地。由于一国土地资源是有限的，我们假设土地市场供给恒定为 $\bar{h}$，则土地市场出清条件满足：$h_t^L + h_t^S = \bar{h}$。商业银行信贷市场的均衡，即两类企业的贷款需求等于商业银行的贷款供给 $l_t^L + l_t^S = l_t$，均衡利率为 r_t^l。非正规金融市场的出清条件，即所有参有企业持有资产之和为 0；$b_t^L + b_t^S = 0$。

模型的货币政策采用标准泰勒规则。假设央行的中介目标是存款利率 $r_t^d = r_t$，则货币政策规则如下：

$$\ln\frac{r_t}{\gamma} = \phi_R\ln\frac{r_{t-1}}{\gamma} + (1 - \phi_R)(\phi_\pi\ln\pi_t + \phi_Y\ln Y_t) + \varepsilon_t^R \quad \varepsilon_t^R \sim i.i.d. N(0, \sigma_R^2)$$

$$\tag{6.22}$$

其中，ε_t^R 是标准差为 σ_R 的货币政策冲击。

第三节　模型求解与参数校准

一、抵押约束取等号的条件

在我们的模型中，存在着许多不等式约束。当采用扰动法（perturbation）来求解模型时，我们必须要确认不等式约束是否取"等号"。根据模型设定，只要不等式约束的拉格朗日乘子 ξ_t^B、ξ_t^i、ζ_t^i 大于 0，则可以保证抵押约束的不等号始终取等号①。我们将先考察拉格朗日乘子在非随机稳态下的取值情况，因为，如果在稳态下约束是紧的，我们就能够考虑足够小但有效的冲击，使约束在动态中也满足。

（一）商业银行的资本约束

定理 1：给定商业银行溢价因子 $\zeta > 0$，在稳态下，商业银行的资本约束是紧的，即 $\bar{\xi}^B > 0$。

在非随机稳态下，存款利率为 $r^d = 1/\beta$。根据商业银行优化问题的一阶条件，我们求得商业银行资本约束拉格朗日乘子的稳态为 $\bar{\xi}^B = 1 - \beta(1-\zeta)/\beta$，在 $\eta_B < 1$ 的条件下，$\bar{\xi}^B$ 恒大于 0，因此，商业银行吸收存款的约束取等号。定理 1 表明，只要银行的盈利性溢价因子大于 0，银行就会从家庭尽可能吸纳存款，因此，在非随机稳态下，商业银行吸纳存款的不等式约束是始终取等号的。从而，我们能够求得非随机稳态下商业银行的贷款利率为

$$r^L = v\frac{1}{\beta} + (1-v)\frac{1}{\beta(1-\zeta)} \tag{6.23}$$

（二）中间品企业的流动性约束

定理 2：假设企业的耐心程度满足 $\beta^S = \beta' < \beta^L = \beta$，在稳态下，传统企业的流动性约束取紧，科技新兴企业的约束是放松的，且科技新兴企业是净融资者；$b_t^S < 0$。

根据中间品企业的一阶条件，在稳态下有 $(1 + \bar{\zeta}^i\omega) = \beta^i\eta^i\psi^i r_t^{SB}$；其中：

---

① 如果约束不取紧，则约束的拉格朗日乘子等于 0，也就是说 $\xi_t^i \geqslant 0$；$\zeta_t^i \geqslant 0$。

$$\psi^i = \begin{cases} \eta^j/\eta^i & b_t^i > 0 \\ 1 & b_t^i < 0 \end{cases} \quad i,j \in \{L,S\}; j \neq i \tag{6.24}$$

若不考虑非正规金融市场资产恰好为 0 的情况，由非正规金融市场的出清条件 $b_t^L + b_t^S = 0$ 可知 $b_t^L \cdot b_t^S < 0$。采用反证法，先假设 $b_t^L < 0 < b_t^S$，则，$\psi^S = \eta^L/\eta^S$，$\psi^L = 1$。于是，可以得到

$$(\bar{\zeta}^L - \bar{\zeta}^S)\omega = (\beta^L - \beta^S)\eta^L r_t^{SB} \tag{6.25}$$

传统企业持有非正规金融资产 $b_t^L < 0$，意味着，传统企业流动性约束是放松的，即 $\bar{\zeta}^L = 0$。而 $\bar{\zeta}^S \geq 0$，则 $\beta^L - \beta^S = (-\bar{\zeta}^S)\omega/(\eta^L r_t^{SB}) \leq 0$，也即，$\beta^L \leq \beta^S$。这一不等式与定理 2 的条件矛盾，故假设不成立，$b_t^S < 0 < b_t^L$，且 $\bar{\zeta}^L > 0$，$\bar{\zeta}^S = 0$。非正规金融市场利率为 $r^{SB} = 1/(\beta^S \eta^S)$，传统企业的拉格朗日乘子稳态值为 $\zeta_t^L = \omega^{-1}(\beta/\beta' - 1)$。

（三）中间品企业的抵押贷款约束

定理 3：在中间品企业死亡率满足 $1/\eta^i > v + (1-v)/(1-\zeta)$ 的条件下，两类中间品企业的不等式抵押约束都将取等号。

由于商业银行贷款利率为 $r^L = (v + (1-v)/(1-\zeta))/\beta$，因此，根据中间品企业优化问题对银行贷款的一阶条件，有

$$\bar{\xi}^L = \frac{1 + \bar{\zeta}^L}{(v + (1-v)/(1-\zeta))}\beta - \beta\eta^L \tag{6.26}$$

$$\bar{\xi}^S = \frac{1}{(v + (1-v)/(1-\zeta))}\beta - \beta'\eta^S \tag{6.27}$$

根据定理 3 的条件 $1/\eta^i > v + (1-v)/(1-\zeta)$ 和 $\bar{\zeta}^L > 0$，可以推得 $\bar{\xi}^L > 0$；而 $\beta > \beta'$，有 $\bar{\xi}^S > 0$。因此两类中间品企业的抵押约束都将取等号。

对于科技新兴企业而言，只有当存活率和主观贴现因子的乘积 $\beta'\eta^S$ 小于贷款利率的倒数时，才能使其商业贷款约束始终取紧；而对于传统企业而言，即便存活率为 1，只要科技新兴企业和传统企业之间的耐心程度差异足够大，商业贷款约束就仍然能取紧。这反映了传统企业和科技新兴企业不同的贷款动机。科技新兴企业向银行贷款的目的是从事生产，只要贷款利率小于其内部资金成本——$(\beta'\eta^S)^{-1}$，它就愿意尽可能的借贷。而传统企业借款除了购买土地、雇用劳动和从事生产外，还要将资金转手投向非正规金融市场获利，而后者取决于两类企业的耐心程度差异，因此，传统企业取紧的条件更为容易满足。

二、异质性抵押率的决定

抵押率 m 反映了银行和企业对抵押品的不一致估值，其中，银行认可的价值是企业认可价值的 m 倍（ $m < 1$ ），则 $1 - m$ 体现了银行持有和清算抵押品时所有面临的交易成本（Besanko 和 Thakor，1987）。由于不同企业的死亡率不同，因此，每期的待清偿抵押品数量占总抵押品的比重受到企业死亡率和企业分布的影响。而待清偿抵押品数量占总抵押品的比重也将引起不同程度的交易成本（如变卖时的折价率）。假设实际的交易成本率函数 $c(x)$ 一阶连续可导且 $c'(x) > 0$ ，其中 x 是待清偿抵押品数量占总抵押品数量的比重。交易成本率随着待清偿抵押品数量的上升而上升，随着总抵押品数量上升而下降。

由于抵押率并非每期波动变化，因此，我们仅考察抵押率的长期稳态值。银行对抵押品的估值应当等于抵押品价值扣除清偿时的交易成本，于是，抵押率和企业死亡率的关系可以表示为

$$q \int_{i=0}^{1} m_i (1 - \eta_i) h_i di = \left[1 - E\left\{ c\left(\frac{\int_{i=0}^{1} (1 - \eta_i) h_i di}{\int_{i=0}^{1} h_i di} \right) \right\} \right] q \int_{i=0}^{1} (1 - \eta_i) h_i di$$

$$(6.28)$$

其中，企业类型 i 是 $[0,1]$ 上的连续统； q 是房地产价格； m_i 和 h_i 分别代表第 i 家企业面临的抵押率和房地产数量； η_i 是第 i 家企业的存活率。由于银行在决定抵押率时并不知道未来的清偿成本率，因此，银行只能以预期的清偿成本率 $E\{c(x)\}$ 来进行决策； E 是期望乘子。我们假设该期望乘子满足以下公式：

$$E\{c(x)\} = f(\zeta) \cdot c(x) \qquad (6.29)$$

其中， $f(\zeta)$ 反映了银行的风险态度，是银行盈利水平溢价值 ζ 的函数。该函数值越大，表明银行对未来风险的敏感性越强，对未来的情况作更保守的估计。银行盈利水平溢价值 ζ 与银行风险态度 $f(\zeta)$ 的关系，与商业银行利润目标与风险控制目标的平衡有关。

高盈利通常需要高风险，因此银行利润函数可以表示为风险的线性函数，这类似于线性"预算约束"。银行的经营目标（对风险和利润总效用）是一个单调递增的凸函数，如图 6-5 所示。当银行承担的风险越高时，每提高一单位风险，商业银行需要获得更多利润才能保持效用不变。在图 6-5 中，当盈利性外生地提高时，利润函数将平行地向上移动。这时，风险和利润的最优组合点将向右移动，银行的盈利性外生增加，也即银行的"风险—利润"约束

更加宽松，使银行同时减少风险和增加收益，详细的证明参阅附录。

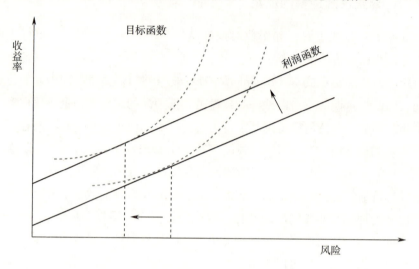

注：图中横坐标代表风险，纵坐标代表盈利性。实线是线性递增的利润函数，虚线是递增、凸的经营目标函数。当盈利性外生地提高时，利润函数向上移动，最优的风险、盈利组合向左移动。

图 6 - 5   商业银行利润目标和风险控制目标的平衡

出于稳健性考虑，我们考察了我国上市银行的实际数据。如图 6 - 6 所示，中国上市银行反映银行主动选择风险的贷存比指标和银行 ROE 的关系是负相关关系。也就是说，当银行利润上升时，银行的风险态度会趋于保守，也即主动控制风险，这与本研究的分析是相吻合的。因此，可以推出，风险态度对盈利性的导数应大于 0，也即 $f'(\zeta) > 0$。为了简化分析，我们假设 $f(\zeta)$ 具有线性形式：

$$f(\zeta) = \theta_B \zeta \tag{6.30}$$

其中，$\theta_B > 0$。$f(\zeta) > 1$ 反映了商业银行的谨慎性，商业银行会高估清偿时的交易成本。

假设当所有企业具有相同的死亡率 $1 - \bar{\eta}$ 时，银行对所有企业设置相同的抵押率，$m_0 = \{1 - \theta_B \zeta \cdot c(1 - \bar{\eta})\}$。银行采取如下策略来制定任意某企业 i 的抵押率 m_i，在其他条件不变的情况下，企业 i 的死亡率 $1 - \eta_i$ 提高时，银行会面临更高的交易成本，于是，银行将降低企业 i 抵押率 m_i，使降低抵押品估值的边际收益与清偿抵押品的边际成本相等。把 m_i 看作是 η_i 的函数 $m_i = m(\eta_i)$，在式 (6.28) 两边对 η_i 求导，并将 $(\bar{\eta}, m_0)$ 代入，可以得到

$$\left. \frac{\partial m(\eta_i)}{\partial \eta_i} \right|_{\eta_i = \bar{\eta}} = \theta_B \zeta \cdot c'(1 - \bar{\eta}) \tag{6.31}$$

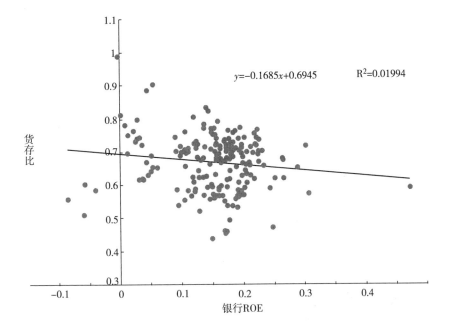

数据来源：Bankscope 数据库。

图 6 - 6　中国 2000—2014 年上市商业银行 ROE 和贷存比的关系

我们对 $m(\eta_i)$ 在 $(\bar{\eta}, m_0)$ 处进行一阶泰勒展开，则第 i 家企业的抵押率将被设置为

$$m_i = m_0 + \phi_m \zeta \cdot (\eta_i - \bar{\eta}) \tag{6.32}$$

其中，$\phi = \theta_B c'(1 - \bar{\eta})$。由于银行在出借贷款前并不知道企业所持有抵押品的分布，只能通过算术平均来测定企业的平均存活率 $\bar{\eta}$。校准 ϕ 和 m_0，就可以确定银行对不同存活率企业制定抵押率的策略。通过公式（6.32）可以看出，金融部门资本收益率上升也即 ζ 上升，会扩大两类企业抵押率的差距。

三、参数校准

我们按季度来校准有关参数，以 2000—2014 年作为数据校准的样本区间。表 6 - 1 中报告了主要参数的校准值。参考标准文献的做法，校准家庭的主观贴现因子 β 为 0.99，对应一年期实际存款利率 4%。关于科技新兴企业的主观贴现因子 β'，参考文献中对非耐心家庭和企业家的设定方式，校准为 0.98。由于商业银行的 ROE 在稳态下等于 $1/(\beta(1 - \zeta))$，我们将银行利润率的溢价因子 ζ 校准为 0.025，对应样本区间内商业银行 ROE（年度）的平均值 15.2%。由于非正规金融市场的稳态收益率 $r^B = 1/(\beta'\eta_S)$，校准科技新兴企

业不倒闭的概率 η_S 为 0.974，拟合温州民间金融平均借贷利率 20.12% 。校准传统企业的存活率 η_L 为 0.994，对应年死亡率 2.4% ，反映了传统企业的风险较小。

表 6 – 1　　　　　　　　　　　　　主要参数校准表

参数内容	参数	校准值
家庭的主观贴现因子	β	0.990
科技新兴企业的主观贴现因子	β'	0.980
商业银行盈利性溢价因子	ζ	0.025
传统企业存活概率	η_L	0.994
科技新兴企业存活的概率	η_S	0.974
商业银行吸收存款的抵押率	v	0.900
非正规金融市场监管力度	ω	1.000
商业银行贷款平均抵押率	m_0	0.400
商业银行的风险规避程度	θ_B	1.000
抵押物抛售的边际交易成本	$c'(1-\bar{\eta})$	550.0
中间品相对价格稳态	$1/\bar{x}$	1.050
最终品的替代弹性	θ	21.00
传统企业土地占产出份额	α_L	0.060
科技新兴企业土地占产出份额	α_S	0.040
传统企业的份额	μ_v	0.300
两类劳动替代弹性	σ_L、σ_S	1.000

我们假设两类企业生产的中间品价格在稳态下相同，最终品的替代弹性为 21，则最终品价格的加成率 $1/\bar{x}$ 为 1.05。为了体现出两类企业的土地持有量差异，我们假设传统企业生产函数中土地的份额比科技新兴企业更高。由于文献中缺乏对中国土地市场或房地产市场总价值的估计，我们参考 Iacoviello（2015）等研究房地产市场的模型对生产函数中土地份额的取值，分别把传统企业和科技新兴企业生产函数中土地的份额校准为 0.06 和 0.04，这时年化总金融资产占 GDP 的比重恰好为 2.2，与真实数据较为接近。Cheremukhin 等人（2015）对中国国有经济比重的变迁进行了估计，考虑到本模型中传统企业与国有企业的诸多相似特征，参考它们的统计数据，我们将传统企业的产出份额 μ_y 校准为 0.30。

本研究将最终品企业不能调整价格的概率 γ 校准为 0.75，这意味着企业每年有 1 次机会调整价格，如表 6 – 2 所示。由于我们只关注冲击对模型变量

的影响趋势，因此，关于外生冲击的持续性和标准差，我们统一校准为 0.8
和 0.01。

表 6 - 2　　　　　　　　　　　　其他参数校准表

参数内容	参数	校准值
最终品企业不能调整价格的概率	γ	0.750
泰勒规则中产出的系数	ϕ_Y	0.500
泰勒规则中通货膨胀的系数	ϕ_π	1.500
政策利率的持续性	ϕ_R	0.700
商业银行资本充足约束冲击的持续性	ρ_v	0.800
非正规金融市场监管冲击的持续性	ρ_ω	0.800
商业银行资本充足约束冲击的标准差	σ_v	0.010
非正规金融市场监管冲击的标准差	σ_ω	0.010

第四节　数值模拟：金融部门资本收益率上升的经济影响

一、静态比较

本节将对模型有关经济变量的非随机稳态解进行分析。首先，对于影响金
融部门资本收益率的参数，分析它们取值变化对宏观经济变量稳态值的影响。
这些宏观经济变量包括经济金融化程度、非正规金融规模、经济总产出和资产
价格等。其次，分析金融部门资本收益率对宏观经济变量的影响是否会随着商
业银行杠杆率水平和边际风险态度的变化而不同。

为了能够更加清晰、直观地展示关键参数变动对观测变量稳态值的影响，
本节采用数值模拟的方法进行分析。上一节校准的参数将被作为基准参数，求
解得到的各个观测变量的稳态值就构成了参照组。假定在样本观测期内，各关
键参数的取值变化是相互独立的，且各宏观变量之间的机制关系是稳定的，不
受参数变化的影响。使关键参数在一定的合理取值范围内变动，每一个参数取
值都将对应观测变量一组新的稳态值，构成了实验组。为剔除量纲的影响，我
们以实验组与参照组比值的形式呈现宏观变量的变化。各观测变量的模型定义
如下。

金融部门资本收益率是本研究关注的重点。以模型中商业银行的 ROE 作为金融部门资本收益率的观测变量，则可定义金融部门资本收益率为①

$$ROE^B \equiv \left(1 + \frac{F_t^B}{(1-v)\,l_t}\right)^4 - 1 \tag{6.33}$$

在稳态下，季度的银行 $\overline{ROE}$ 恰等于 $[\beta(1-\zeta)]^{-1} - 1$，因此，年度稳态的银行 ROE 即 $\overline{ROE^B} = [\beta(1-\zeta)]^{-4} - 1$。金融经济化程度指经济体中所有金融资产与产出之比，既包括正规金融体系也包括非正规金融市场。故金融经济化程度可表示为 $FA/GDP \equiv (l_t + b_t)/(4Y_t)$，其中，$l_t$ 是正规金融体系总资产，即商业银行的资产总额；b_t 是非正规金融市场总资产，即非正规金融市场的资产总额；$4Y_t$ 是年化的总产出。本研究以土地价格 q_t 作为资产价格代理变量，以非正规金融市场资产总额占产出的比重度量非正规金融规模：$SB/GDP \equiv b_t/(4Y_t)$。按照模型的设定，我们仅考察传统企业的经济空心化问题，以类金融业务收入占总收入的份额来作为经济空心化程度的代理变量，它可以被表示为

$$Hollowing \equiv \frac{(r_t^b - 1)\,b_t}{y_t^L/x_t^L + (r_t^b - 1)\,b_t} \tag{6.34}$$

（一）金融部门资本收益率变化的影响

调整商业银行盈利性溢价因子 ζ，以实现对金融部门资本收益率稳态值的调整。在样本期内，金融资本的收益率的取值在 10% ~ 20%，均值为 15.2%，因此，我们将银行盈利性溢价因子的变动范围设置为 $\zeta \in [0.015, 0.035]$。

图 6-7 展示了金融部门资本收益率变化对宏观经济的影响。从模型拟合的结果看，金融部门资本收益率的提高会导致经济金融化程度的提高，非正规金融占 GDP 的比重上升，以及土地价格的迅速膨胀。此外，金融部门资本收益率还将引起经济空心化程度的增加，以及总产出的小幅下降。

模型较好地拟合了实际数据。如图 6-7 左侧的图所示，随着金融部门资本收益率从 10% 上升到 20%，经济金融化程度将从均值的 0.9 倍上升到 1.1 倍（1.55 ~ 1.91）。在实际数据中（见图 6-8），这一时期的经济金融化程度从均值的 0.8 倍上升到 1.2 倍（1.34 ~ 2.08）。模拟值与实际值较为接近，但

① 在这一定义式中，我们没有考虑商业银行管理层寻租的部分，这是因为在现实中管理层薪酬占商业银行利润的比重十分小，我们在此忽略不计。

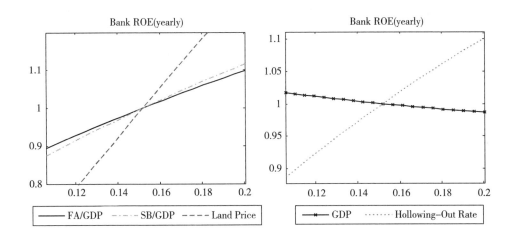

注：保持其他参数取值不变，使商业盈利性溢价因子 ζ 在 $[0.015, 0.035]$ 的区间内变动。图中横轴是商业银行 ROE（年化），纵轴是模型观测变量稳态值较基准值的倍数。

图 6 - 7　金融部门资本收益率稳态值上升对宏观经济的影响（模型）

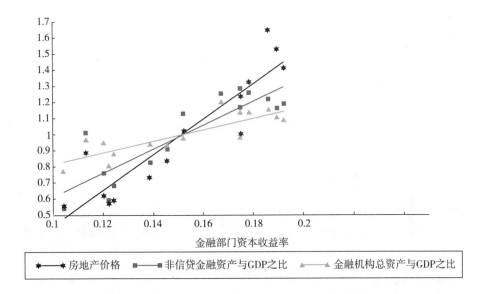

注：图中横轴是商业银行 ROE（年化），纵轴分别是金融机构资产总额占 GDP 比重、非贷款类金融资产占 GDP 比重和商品房平均交易价格。所有指标均表示为实际值与样本期间内均值的比值形式。

数据来源：金融部门资本收益率来自前文计算，其他数据来自国家统计局。

图 6 - 8　2000—2014 年金融部门资本收益率与
经济金融化水平和房地产价格（实际数据）

实际值的变动范围要比模型预测值略大，也即经济金融化程度对金融部门资本收益率的弹性更大一些。关于非正规金融市场资产占 GDP 的比重和资产价格，模型拟合值的趋势和实际数据的趋势是十分接近的，但是，模型拟合值的变化幅度要略小于实际数据。拟合值和实际值高度一致，反映该模型较好地与现实情况相吻合，而变化幅度的偏差可能与其他参数的取值有关。

模型也拟合出了经济空心化程度的增加和总产出的小幅下降。金融部门资本收益率的不断上升，使实体经济的融资成本也不断上升，在这种情况下，盈利能力较弱的企业放弃实体生产，转而从事金融投资活动。这是因为，金融部门资本收益率的上升，改变了银行对不同风险企业的态度。越是收益率上升，金融机构越是重视风险，并且情愿牺牲一部分利润。再次回顾抵押率的决定方程：

$$m_i = m_0 + \phi_m \zeta(\eta_i - \bar{\eta}) \tag{6.35}$$

当金融部门资本收益率上升时，银行对风险的重视程度提高，从而使抵押率对企业风险的弹性提升。从公式我们可以看到，当银行 ROE 上升时，商业银行会为那些破产概率较小的企业设置相对更大的抵押率，而对破产概率较大的企业设置相对更小的抵押率。融资约束歧视性程度的提高改变了商业贷款的供给结构，传统企业将会获得更多的融资，而科技新兴企业会融资更难。这时，非正规金融市场将进一步扩大。商业银行难以满足科技新兴企业的融资要求，使科技新兴企业从非正规金融市场融资的意愿增强。根据模型的推导，非正规金融市场的融资成本为

$$r_t^b = \frac{1}{\beta' \eta_S} E_t \left\{ \frac{F_{t+1}^S}{F_t^S} \right\} E_t \pi_{t+1} \tag{6.36}$$

在稳态下，科技新兴企业的不耐心程度 $1 - \beta'$（可以看作企业家才能）和破产概率 $1 - \eta_S$（可以看作经营风险，将会产生风险溢价）较传统企业高，导致它们的生产性收益率较高，从而能够接受较高的融资成本。在动态过程中，科技新兴企业的预期利润提高也将使其承担融资成本的能力上升。

对于传统企业而言，非正规金融市场的收益率高于其生产经营的收益率，它就会将从银行获得的贷款转投于非正规金融市场。这就导致了传统企业的经济空心化和非正规金融市场的加速膨胀。金融资源从正规金融体系流向传统企业，再从传统企业流向非正规金融体系，最后才流回实体部门，"金融空转"了一次。由于模型中只存在两类异质性企业，因此，金融资源仅"自我循环"了一次。而在现实中，这一过程在多种异质性企业间多次发生，就形成了我们所观测到的"金融自我循环"问题。

对于科技新兴企业，抵押率下降使抵押约束更紧，从而提高了它们对抵押资产的需求。而对于传统企业而言，尽管自己从事生产的贷款需求下降了，但是从事金融投资的贷款需求上升了，因而，它们对于抵押品的需求也上升。在本研究构建的模型中，总抵押品——土地的数量是有限的，土地总需求上升就导致了土地价格加速上升。

（二）商业银行杠杆率和风险态度的调节效应

图6-9中展示了不同商业银行杠杆率下，金融部门资本收益率上升对宏观经济变量的影响。从图6-9中可以看到，提高商业银行杠杆率 v 将使金融资产占 GDP 比重、土地价格和经济空心化程度的图像都向左上方移动，使 GDP 的图像向下移动。这表明，商业银行杠杆率的上升将提高经济金融化程度①、资产价格和经济空心化程度，而降低总产出。

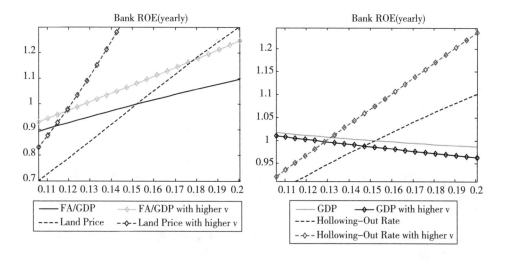

注：保持其他参数取值不变，使商业盈利性溢价因子 ζ 在 $[0.015, 0.035]$ 的区间内变动。图中横轴是商业银行 ROE（年化），纵轴是模型观测变量稳态值较基准值的倍数。图中用菱形方块标注的线代表了较高的商业银行杠杆率取值 $v = 0.90 \rightarrow 0.95$。

图6-9　不同商业银行杠杆率下金融部门资本收益率对宏观经济的影响（模型）

如图6-9所示，所有被观测宏观经济变量的变化趋势都随着商业银行杠杆率 v 的提高而变得更加陡峭。这体现了商业银行杠杆率的正向调节效应，即商业银行杠杆率越高，金融部门资本收益率对经济的影响更强。一个可能的解

---

① 非正规金融规模占 GDP 比重 SB/GDP 的图像与经济金融化程度 FA/GDP 类似，为了图形展示的简洁，我们仅报告经济金融化程度的图像。

释是，当商业银行杠杆率较高时，贷款供给也相对较高，对实体经济的影响更大，从而金融部门资本收益率的变动对宏观经济的影响就被放大了。

图6-10展示了不同商业银行风险态度的情况下（θ_B分别取0.9和1.1），银行ROE对金融资产占GDP比重、土地价格、经济空心化程度和产出的影响。不难发现，商业银行风险态度的提升，增加了图6-10中四条线的斜率，也即商业银行的风险态度越强，金融部门资本收益率提升对经济金融化程度、非正规金融规模占GDP、资产价格的正向作用越强，而对产出的负向作用越强。

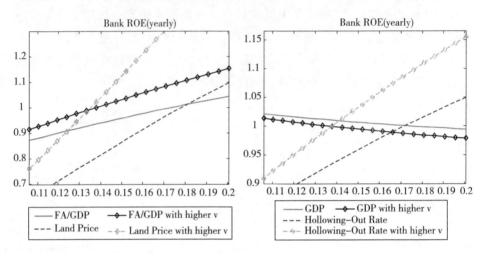

注：保持其他参数取值不变，使商业盈利性溢价因子ζ在[0.015,0.035]的区间内变动。图中横轴是商业银行ROE（年化），纵轴是模型观测变量稳态值较基准值的倍数。图中用菱形方块标注的线代表了较高的商业银行风险态度取值$\theta_B：0.9 \to 1.1$。

图6-10　不同商业银行风险态度下金融部门资本收益率对宏观经济的影响（模型）

这是因为，边际风险态度θ_B的提升反映了商业银行的谨慎性增加，使银行增大了对抵押品清偿成本的高估程度。银行会对风险高的科技新兴企业设置更低的抵押率，从而进一步扩大了两类企业的抵押率差距。更加歧视性的信贷配置，加速扩大了非正规金融市场规模和经济金融化程度，进而扩大了金融部门资本收益率对土地价格和产出的影响。

二、动态分析

本小节主要关注货币政策冲击和商业银行杠杆冲击的脉冲响应函数。在短期中，受外生冲击影响，金融部门资本收益率会如何变动，又如何影响金融体系和实体经济，是本小节要回答的问题。

（一）货币政策冲击

每当经济过热时，中央银行会出台紧缩货币政策来调控经济。图6-11展示了紧缩货币政策冲击的脉冲响应函数。在货币政策冲击的作用下，存贷款利率均上升，通货膨胀率下降，劳动供给下降，产出也下降，这些都与文献保持了一致。然而，我们重点关注的金融部门资本收益率（模型中的银行ROE）却没有随经济过热的消退而下降，反而不断上升。这一结果拟合了第三章中所述的典型事实：每当经济增长率陡然下降时，金融部门资本收益率都突然上升。

当紧缩货币政策使存款利率上升时，家庭的随机贴现因子下降，使家庭更偏好于未来的消费，从而减少当期消费并增加存款供给。劳动的财富效应使家庭的劳动供给也下降。从需求角度看，由于本模型中没有投资，总消费的下降将直接导致产出下降。从供给角度看，劳动供给的减少也将使企业产出下降，进而生产性的贷款需求是下降的。

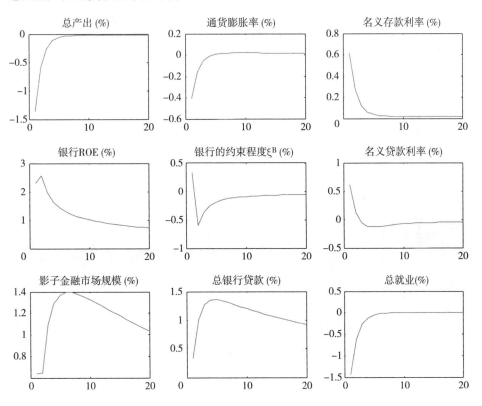

图6-11　紧缩货币政策冲击的脉冲响应函数

供给的上升和贷款供给的下降，使银行所受的资本充足率约束放松，于是我们看到图 6 - 11 中反映银行受约束程度的 ξ_t^B 在初期略有上升后便迅速下降，并长期保持下降的趋势。在银行约束程度下降的情况下，银行为了保证资本结构的稳定性，必须要增加资本积累（$l_t - d_t$）才能维持收益，而银行必须依靠利润上升来增加资本，因而银行 ROE 上升了。由此可见，当经济过热或通货膨胀时，国家推出紧缩性货币政策，就可能导致金融部门资本收益率上升和产出下降的情况同时出现。此外，图 6 - 11 中总贷款上升是因为，非正规金融市场对资金需求上升，抵消了因紧缩货币政策引起的资金需求下降。

（二）商业银行杠杆率冲击

图 6 - 12 展示了商业银行杠杆率正冲击的脉冲响应图。通货膨胀率受到冲击后立刻上升，而总产出是缓慢下降的，呈现出驼峰形，在大约 4 个季度之后到达最低值 - 0.07%。和预计的类似，商业银行的 ROE 在第一期就大幅上升 20%，贷款利率快速下降 6%，总贷款显著上升 8%。

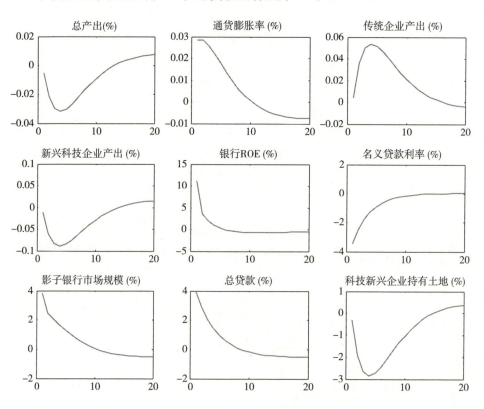

图 6 - 12　商业银行杠杆率正冲击的脉冲响应函数

信贷供给增加未能引起产出增长，是缘于信贷资源错配和土地持有量的变化。如图 6-12 所示，传统企业的产出上升，但科技新兴企业产出下降。这是因为，银行杠杆率冲击，使贷款供给迅速增加，但是由于两类企业抵押率和抵押资产持有量的差异，传统企业获得了相对较多的贷款，而科技新兴企业只能求助于非正规金融市场，导致非正规金融市场的融资规模迅速上升。由于传统企业向银行贷款需要土地作为抵押品，因此，传统企业对土地的需求上升（见图 6-12）。与此相反的是，科技新兴企业对商业银行的融资依赖减少，主要从非正规金融市场获得融资，从而对土地的需求下降。不同的土地持有量影响了产出水平，传统企业的产出上升 5%，而科技新兴企业的产出下降超过 9%，最后导致总产出下降。

第五节 本章小结

通过在 DSGE 模型中引入两类风险不同、耐心程度不同的异质性企业，以及受资本充足率约束的银行，本章对金融部门资本收益率上升的短期和长期影响分别进行了分析。分析结果表明：金融部门资本收益率上升使银行的风险敏感程度提高，从而使两类企业融资约束的歧视程度增加，导致非正规金融市场进而整个金融体系资产规模显著上升。与此同时，融资约束的歧视程度增加还导致经济空心化程度提高、资产价格大幅上涨、总产出小幅下降。以上长期分析的结论，在很大程度上解释了金融部门资本收益率和经济金融化、经济空心化、非正规金融市场发展与房地产价格暴涨之间的关系。在短期中，紧缩货币政策会同时引起金融部门资本收益率上升和产出下降，这解释了经济周期中，金融部门资本收益率和经济增长率的关系。因商业银行杠杆率增加而引起的金融部门资本收益率上升将会轻微地阻碍经济增长。总之，金融部门资本收益率上升对产出的直接影响较小，但它导致的一系列"金融乱象"间接地影响了长期经济增长。

第七章

金融部门相对收益率上升
对经济增长的影响

　　发展是硬道理，而经济增长是发展的关键，也是我国的长期政策目标。前文的分析分别揭示了金融部门资本收益率高于非金融企业资本收益率的直接原因、深层原因，以及对经济金融化和经济空心化的影响。这一章旨在分析金融部门相对收益率将如何影响经济增长，从而探索怎样的金融体系是有利于经济增长的。中国经济进入新常态，经济减速换挡，金融结构和经济结构也亟待优化调整。金融资本与产业资本的收益率非均衡是值得关注的结构性问题。金融资本无限制的逐利，不仅压缩了实体经济产业资本的收益，而且滋生了资产价格泡沫，这些都将引发全球经济金融危机。由于仅采用中国的金融部门相对收益率与经济增长数据，样本量较少，因此本章将采用跨国的面板数据来进行分析。本章首先对全球各国的金融部门相对收益率进行统计描述分析，然后构建实证模型，最后实证分析金融部门资本收益率对经济增长的影响及其传导机制。

第一节　统计描述和理论假设

一、全球金融部门相对收益率的分位描述

　　图 7 - 1 比较了日本、德国、美国、巴西、俄国和中国六国 1986—2014 年平均的金融部门资本收益率和非金融企业资本收益率。在新兴市场国家，尤其是中国，金融部门资本收益率远远超过了非金融企业资本收益率；相反，在经济相对发达的国家，非金融企业资本收益率要更高一些。这也表明，金融部门相对收益率在经济相对落后的国家和地区是大于 0 的。

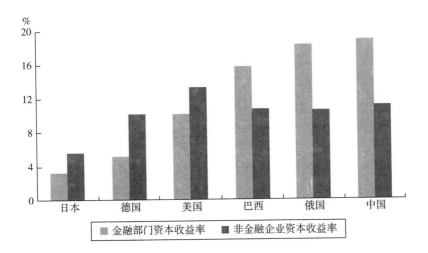

图7-1 日、德、美、巴、俄、中等六国金融资本与非金融企业资本收益率的对比

为了更好地呈现出这一特点，图7-2展示了1986—2014年不同经济发展水平下平均的金融部门相对收益率。经济发展水平位于40%分位以下的国家，金融部门相对收益率是大于0的，而经济发展水平位于40%分位以上的，金融部门相对收益率都小于0。也就是说，在经济发展水平较低的国家，金融部门资本收益率相对非金融企业资本收益率更高，反映了金融资本的稀缺性。

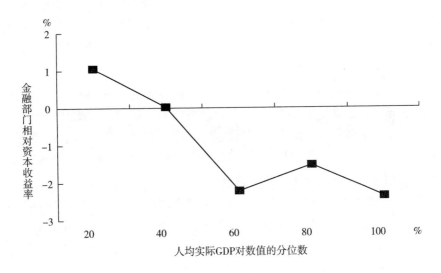

图7-2 不同经济发展水平分位下的金融部门相对收益率

进一步，我们比较了不同金融发展水平分位下的金融部门相对收益率，如

图7-3所示。根据 Panel A，在银行发展水平较低的国家，金融部门相对收益率较高且大于0，也反映了金融资本较为稀缺时，金融部门资本收益率较高。随着银行体系的发展，金融资本不断累积，金融资本的边际收益率下降，而导致金融部门相对收益率逐渐下降而小于0。此外，较高的金融部门资本收益率能够有助于金融资本的快速积累，有助于产业资本向金融资本的转移。在 Panel B中，金融市场发展与金融相对资本收益率的关系并不显著。可能是由于本研究采用金融机构的净资产收益率来度量金融部门资本收益率，而金融市场的发展情况对其影响较小。

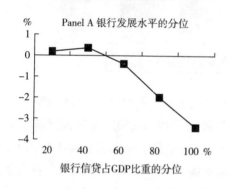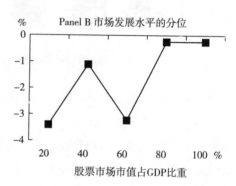

图7-3　不同金融发展水平下的金融部门相对收益率

图7-4报告了不同经济增长速度下金融部门相对收益率的情况。我们发现，无论是考虑实际 GDP 增长率还是人均实际 GDP 增长率，经济增长速度处于中上分位的国家，金融部门相对收益率都大于0。较快的经济增长，需要金融资源的积累作为支撑，而金融资源的快速积累依赖于较高的金融部门资本收益率。在经济增长较快时，相对较高的金融相对资本收益率能够被经济所承受。经济增长率最快、处于80%以上分位的国家和年份，可能是处于经济萧条后快速复苏的阶段，金融部门相对收益率反而小于0。由于金融体系遭受冲击后还未及时恢复，实体经济的改善推动了经济短时间内的快速增长，因此，金融部门相对收益率出现了小于0的情况。

图7-5报告了全球金融部门相对收益率随时间的变化趋势，我们发现金融部门相对收益率在1990年以前主要为负，这表明在金融自由化初期，金融部门资本收益率往往是低于非金融企业资本收益率的，随着金融自由化改革的不断深入，全球金融部门资本收益率逐渐上升，直至与非金融企业资本收益率不相上下的波动。总体而言，1986—2014年的金融部门相对收益率呈现了不断上升的趋势。金融部门相对收益率随年份的简单 OLS 回归时，系数为

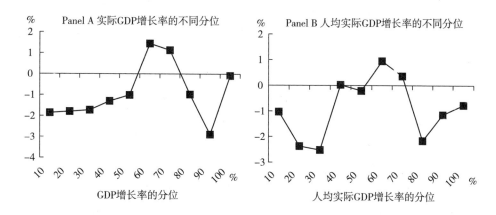

图 7 - 4　不同经济增长率下的金融部门相对收益率

0.0026 且显著，R_2 为 0.37，也即表明金融部门相对收益率平均每年提高约 0.26 个百分点。

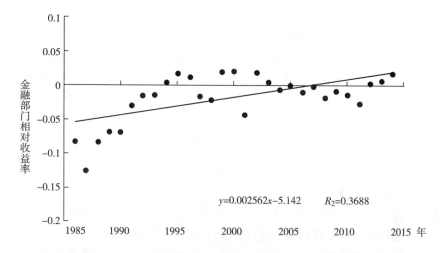

$$y=0.002562x-5.142 \qquad R_2=0.3688$$

图 7 - 5　1986—2014 年世界平均金融部门相对收益率的变化趋势

二、实证分析的理论假设

自 20 世纪 60 年代以来，大量文献对金融发展与经济增长的关系进行了研究，主要得到了金融发展能够正向促进经济增长的结论。而且，学术界对金融发展的内涵有着不同的解释。Goldsmith（1969）等一系列学者都认为金融结构的变迁就是金融发展的表现；而另一些学者将金融发展度量为金融与经济的相对规模（Levine，1997），常用私人信贷占 GDP 比重或金融相关比率 FIR 来度量金融发展。Merton 和 Bodie（1995，2004）提出的金融功能观，以及 Levine（2002）提出的金融服务观，都将金融功能和服务的演进看作金融发展的内涵。然而，现有文献在考察金融与实体经济的相对关系时，忽略了资本收益率的比较。资本收益率是驱动资本流动和影响资本积累的最重要因素之一，它不仅能够反映资本的稀缺程度、行业的发展水平，还能反映出不同行业间的结构关系。因此，以金融部门相对收益率为指标，分析怎样的金融体系能够促进经济增长，是十分必要的。

关于金融相对资本收益率与经济增长的关系，学术界鲜有研究。部分文献基于现有的金融发展与经济增长的分析框架，对银行绩效和经济增长的关系进行了分析，发现金融部门资本收益率与经济增长的关系是不确定的。另外一部分文献分析了产业盈利性与增长的关系，发现较高的非金融企业资本收益率并不一定会导致较高的经济增长率。结合金融部门资本收益率和非金融企业资本收益率对经济增长的影响，金融部门相对收益率与经济增长的关系不是一致的。

一方面，金融部门资本收益率较高能够促使金融机构加速资本积累，使金融资本规模上升，为非金融企业提供更多的金融资源，促进金融深化和发展，从而促进经济增长。另一方面，金融部门资本收益率相对非金融企业资本收益率上升也可能会抑制金融功能，从而阻碍金融服务于实体经济的质量，进而抑制经济增长。

金融部门相对收益率上升对经济增长的阻碍作用表现在以下几个方面。第一，金融部门资本收益率较高反映了金融机构在金融活动中的强势地位，在市场中强势的金融机构会缺乏在欠发达地区建立分支机构的动机，对所有居民和企业提供相同金融服务的积极性下降，也即金融可得性（普惠性）下降。第二，金融部门资本收益率较高反映了金融机构较强的市场垄断程度，在存贷款利息的定价上具有决定权，使净息差上升，也即增加了金融业在服务经济时占用的社会资源，提高了实体经济中企业的融资成本。第三，企业资本收益率较低，增加了企业破产和债务违约的风险，使金融机构面临着更高的信用风险，从而削弱了金融稳定。此外，金融部门资本收益率和非金融企业资本收益率的关系也反映了金融体系与实体经济的相对关系。较高的金融部门相对收益率反映了金融机构在与非金融企业的投融资业务活动中具有更强的议价能力，从而使非金融企业从金融体系获得的支持不足。过高和过低的金融部门相对收益率可能都不利于长期经济增长。当收益率差距超过资本转移的调整成本时，资本将从一个部门向另一个部门不断转移。收益率差距导致的资本积累速度不同也会使金融业和非金融业不能同步发展。因此，本章要检验的第一个假设是：

假设 1：金融部门相对收益率与经济增长之间存在倒"U"形曲线关系。

金融部门相对收益率与经济增长的关系可能随着银行效率的不同而不同。银行是最重要的金融机构，银行资本是金融资本的最主要组成部分。银行效率反映了银行吸收社会现在资本、创造信贷供给的能力，也反映了甄别投资机会和优化资源配置的能力。在银行效率较高的情况下，银行信贷对经济增长的作用会更强，而在银行效率较低时，银行信贷与经济增长的关系可能不显著（Hasan et al.，2009）。在银行效率较高的国家，金融部门相对收益率提高对经济增长的积极作用会被放大，其负面作用会被掩盖。金融部门相对收益率抑制了金融可得性和稳定性，提高了企业融资成本，在银行效率较低的国家，金融服务供给的数量和质量会互相恶化，从而加速下降，进一步抑制经济增长。因此，本章要检验的第二个假设是：

假设 2：在银行效率较低的国家，金融部门相对收益率对经济增长的阻碍作用更强。

第二节　实证模型设计

一、基准模型

鉴于金融部门相对收益率以及其他解释变量内生于经济增长的可能性，本研究采用两阶段系统广义矩估计法进行估计（Arellano 和 Bond，1991；Blundell 和 Bond，1998）。用内生解释变量和被解释变量的滞后项作为工具变量，能够克服内生性带来的解释偏误。参考文献中研究金融发展和经济增长时的建模框架（Beck 和 Levine，2004；彭俞超，2015），本研究构建"国家—年份"层面的基准模型如下：

$$\ln Y_{i,t} = \beta_0 + \beta_1 \ln Y_{i,t-1} + \beta_2 Gap_{i,t} + \beta'_3 Z_{i,t} + u_i + \mu_t + \varepsilon_{i,t} \qquad (7.1)$$

其中，$\ln Y_{i,t}$ 和 $\ln Y_{i,t-1}$ 分别是第 i 个国家在第 t 和 $t-1$ 年的人均真实 GDP 的对数值；$Gap_{i,t}$ 是第 t 年第 i 个国家的金融部门相对收益率，用上市金融企业与上市非金融企业的平均净资产收益率之差来计算，用以度量一国金融资本相对产业资本的收益率水平。向量 $Z_{i,t}$ 是一个信息集，包含了文献中除初始经济发展水平外其他一系列用来解释经济增长的变量，如贸易开放度、最终资本形成率、人力资本水平、政府规模、通货膨胀水平和老幼抚养比等。控制变量的具体度量方法如表 7 - 1 所示。u_i 和 μ_t 分别表示国家效应和时间效应，$\varepsilon_{i,t}$ 是残差项。

表 7 - 1　　　　　　　　　　　　　基准模型变量一览表

变量名称	变量含义	变量构造方法	数据来源
RGDPP	经济发展水平	人均实际 GDP 的对数值	WDI 数据库
Gap	金融部门相对收益率	上市金融企业平均 ROE 减去上市非金融企业平均 ROE（小数）	BvD 数据库
FinDev	金融发展	银行信贷与股票市值之和占 GDP 的比重（%）	GFDD 数据库
OPEN	贸易开放度	进出口贸易总额/GDP（%）	WDI 数据库
CAP	最终固定资本形成率	固定资本形成总额/GDP（%）	WDI 数据库
Human	人力资本	平均受教育年限（Barro 和 Lee，2013）	PWT8.0
GOV	政府规模	政府消费支出/GDP（%）	WDI 数据库
CPI	通货膨胀水平	消费物价指数（2005 年 =1）	WDI 数据库
AGE	老幼抚养比	15 岁（不含）以下和 64 岁（不含）以上人口数/总人口数（%）	WDI 数据库

为了验证假设 1，分析金融部门相对收益率进而与经济增长的倒"U"形关系，本研究在回归方程中引入金融部门相对收益率的二次项 $Gap_{i,t}^2$，模型如下：

$$\ln Y_{i,t} = \beta_0 + \beta_1 \ln Y_{i,t-1} + \beta_2 Gap_{i,t} + \beta_4 Gap_{i,t}^2 + \beta_3' Z_{i,t} + u_i + \mu_t + \varepsilon_{i,t}$$

$$(7.2)$$

预期 β_4 的系数小于 0，也就是说金融部门相对收益率与经济增长的关系呈现倒"U"形，$-\beta_2/(2\beta_4)$ 即金融部门相对收益率促进经济增长的最优值。

考虑到金融发展是金融部门相对收益率促进经济增长的一个机制，我们采用因果分析法（Baron 和 Kenny，1986）来对该机制进行检验。本研究在模型（7.1）和模型（7.2）的基础上，引入金融发展变量：

$$\ln Y_{i,t} = \beta_0 + \beta_1 \ln Y_{i,t-1} + \beta_2 Gap_{i,t} + \beta_5 FinDev_{i,t} + \beta_3' Z_{i,t}$$
$$+ u_i + \mu_t + \varepsilon_{i,t}$$

$$(7.3)$$

$$\ln Y_{i,t} = \beta_0 + \beta_1 \ln Y_{i,t-1} + \beta_2 Gap_{i,t} + \beta_4 Gap_{i,t}^2$$
$$+ \beta_5 FinDev_{i,t} + \beta_3' Z_{i,t} + u_i + \mu_t + \varepsilon_{i,t}$$

$$(7.4)$$

其中，$FinDev_{i,t}$ 是第 i 国第 t 年的金融发展，用私人部门信贷余额与股票市场市值之和与 GDP 的比值度量。由于在回归方程中纳入了金融发展这一中介变量，式（7.3）中金融部门相对收益率的系数 β_2 应当从显著大于 0 变为显著小于 0 或不显著，式（7.4）中的金融部门相对收益率最优值 $-\beta_2/(2\beta_4)$ 应显著下降，低于基准模型（7.2）中的最优值。

以上模型关注的是金融部门相对收益率对经济增长的影响，但是并没有考虑到这种影响可能因银行效率的不同而不同，而且也没有考虑到银行效率本身对经济增长的作用。因此，本研究在模型（7.3）的基础上引入银行效率和金融部门相对收益率的交叉项，构造回归方程如下：

$$\ln Y_{i,t} = \beta_0 + \beta_1 \ln Y_{i,t-1} + \beta_2 Gap_{i,t} + \beta_6 Gap_{i,t} \times BankEff_{i,t}$$
$$+ \beta_7 BankEff_{i,t} + \beta_5 FinDev + \beta'_3 Z_{i,t} + u_i + \mu_t + \varepsilon_{i,t} \qquad (7.5)$$

其中，$BankEff_{i,t}$ 是银行效率，即银行部门为非金融部门提供融资的生产效率，反映了银行部门吸收较少的存款、占用较少的资源（运营成本），以及创造较多贷款。本研究将使用银行层面的数据，用随机前沿分析方法来估计银行效率，再加总为国家层面的指标。$Gap_{i,t} \times BankEff_{i,t}$ 是银行效率和金融部门相对收益率的交叉项，用于衡量不同银行效率水平下，金融部门相对收益率对经济增长影响的差异。如果系数 β_5 大于 0，则表明银行效率越高的国家或地区，金融部门相对收益率对经济增长的促进作用更强。

二、银行效率估计模型

学术界中将银行效率分为三类：生产效率、利润效率和成本效率。利润效率和成本效率都是从银行自身经营的角度来衡量的，反映了银行的运营能力。而生产效率是银行将储蓄存款转化为贷款的能力，不仅从微观上体现了银行的生产技术和水平，也与宏观经济中对银行部门功能的定义类似。金融体系的功能就是帮助储蓄向投资转化，合理配置金融资源，服务于非金融企业。为了能够连接微观和宏观中银行效率与经济增长的关系，本研究将以生产效率来度量银行效率。

Battese 和 Coelli（1995）拓展的面板随机前沿方法（Panel – SFA）是文献中估计银行效率的主流方法之一。与一般的随机前沿分析方法相比，它更适合运用于面板数据。与数据包络分析法（DEA）相比，它能够克服面板数据的非平衡性。我们使用"银行—年份"的数据来估计银行效率，再加总为"国家—年份"数据。本研究使用中介方法（Intermediation Approach），选择银行贷款作为产出变量 $y_{j,t}$，选择存款及借入资金 $d_{j,t}$、运营成本 $o_{j,t}$ 和固定资产 $c_{j,t}$ 作为投入变量（Andries，2011），它们都除以银行总资产，以比率的形式进入模型。

考虑到投入产出关系的多变性，采用超越对数生产函数（Trans – log function）（Pasiouras et al. , 2009）；同时考虑到技术的时间趋势变化，引入时间趋势和投入变量的交叉项目（Manlagnit，2015）。生产函数如下：

$$\ln y_{j,t} = \beta_0 + \beta_1 \ln o_{j,t} + \beta_2 \ln d_{j,t} + \beta_3 \ln c_{j,t} + \beta_4 \ln o_{j,t} \ln d_{j,t} + \beta_5 \ln d_{j,t} \ln c_{j,t}$$

$$+ \beta_6 \ln o_{j,t} \ln c_{j,t} + \frac{1}{2}\beta_7 \left(\ln o_{j,t}\right)^2 + \frac{1}{2}\beta_8 \left(\ln d_{j,t}\right)^2 + \frac{1}{2}\beta_9 \left(\ln c_{j,t}\right)^2$$

$$+ \beta_{10} t \ln d_{j,t} + \beta_{11} t \ln c_{j,t} + \beta_{12} t \ln o_{j,t} + \frac{1}{2}\beta_{13} t^2 + \beta_{14} t + v_{j,t} - u_{j,t} \quad (7.6)$$

其中，产出变量和投入变量都取自然对数，t 是时间趋势变量。$v_{j,t}$ 是模型设定引起的非观测误差项，$u_{j,t}$ 是非负无效率项，满足 $u_{it} \sim N(m_{it}, \sigma_u^2)$，无效率项均值 m_{it} 的决定方程如下：

$$m_{it} = \beta_0 + \beta_1 NPL_{j,t} + \beta_2 CAR_{j,t} + \beta_3 NIM_{j,t} + \beta_4 CtoI_{j,t} + \beta_5 LtoD_{j,t}$$

$$+ \beta_6 LtoTA_{j,t} + \varepsilon_{j,t} \quad (7.7)$$

在式（7.7）中，$NPL_{j,t}$ 是第 j 家银行第 t 年的不良贷款率；$CAR_{j,t}$ 是总资本充足率；$NIM_{j,t}$ 是净息差；$CtoI_{j,t}$ 是成本收入比率；$LtoD_{j,t}$ 是净贷款与存款之比；$LtoTA_{j,t}$ 是净贷款与总资产之比。所有变量的构造方法如表 7 - 2 所示。

表 7 - 2　　　　　　　　　银行效率估计模型变量一览表

变量名	变量含义	变量构造方法	数据来源
lny	银行产出	银行贷款与银行总资产之比的自然对数值	Bankscope
lnd	银行投入 1	银行存款余额及借入资金与银行总资产之比的自然对数值	Bankscope
lno	银行投入 2	银行运营成本与银行总资产之比的自然对数值	Bankscope
lnc	银行投入 3	银行固定资产与银行总资产之比的自然对数值	Bankscope
NPL	不良贷款率	不良贷款占贷款余额的比重（%）	Bankscope
CAR	总资本充足率	总资本占总资产的比重（%）	Bankscope
NIM	净息差	盈利资产平均收益与借入资金平均成本之差（%）	Bankscope
CtoI	成本收入比	成本与收入之比（%）	Bankscope
LtoD	流动性指标 1	净贷款与存款余额之比（%）	Bankscope
LtoTA	流动性指标 2	净贷款与总资产之比（%）	Bankscope

我们对式（7.6）和式（7.7）采用一步式极大似然估计，同时估计出两个方程的回归系数。每年每个银行的效率可以通过计算非效率项的条件期望得到（Battese 和 Coelli，1993；Jondrow et al.，1982）：$BankEff_{it} = \exp(-u_{it})$，意味着 $BankEff_{it}$ 的取值在 [0，1] 之间。随后，按"国家—年份"，平均所有银行的银行效率作为该年该国家的银行效率值。

三、数据说明及统计描述

国家层面的数据来自 WDI 数据库、GFDD 数据库和 PWT8.0 数据库，全部样本覆盖 1989—2011 年 146 个国家。金融部门相对收益率的数据来自 BvD 上市企业数据库，与国家层面数据匹配后得到 1989—2011 年 114 个国家的数据。估计银行效率所用的银行层面数据来自 Bankscope 数据库，样本覆盖 2000—2014 年 105 个国家。

对上市企业数据的处理过程如下：（1）利用 GICS 行业代码，将 4010 银行、4020 综合金融、4030 保险三个行业的企业划归为金融企业[①]，将其他行业的企业划归为非金融企业；（2）按每个国家的每个年份，分别加总金融企业和非金融企业的税后利润与净资产，进而计算每个国家每年的金融部门资本收益率和非金融企业资本收益率；（3）利用 winsor2 命令将两端 1% 的极端值进行替代处理；（4）用金融部门资本收益率减去非金融企业资本收益率得到金融部门相对收益率（即金融资本与产业资本的收益率差距）。

表 7-3 报告了基准模型中主要变量的描述性统计。金融部门相对收益率的均值为 0.83%，最小值为 -70.28%，最大值达到了 76.45%。表 7-4 报告了基准模型中主要变量的简单相关系数。金融部门相对收益率与人均实际 GDP 对数值的相关系数为 -0.0854，在 1% 的显著水平上显著，这表明金融部门相对收益率确实与经济发展水平之间存在着一定的负相关关系，在经济发展水平相对较低的国家，金融部门相对收益率较高。此外，金融部门相对收益率与人力资本和固定资产投资负相关，这表明较高的金融部门相对收益率可能不利于人力资本的积累和固定资产投资。所有变量之间的相关系数均未超过共线性门槛值 0.7（Lind et al.，2007）。

表 7-3　　　　　　　　　　基准模型变量描述性统计

变量	观测值	均值	标准差	最小值	最大值	中位数
RGDPP	2750	8.6128	1.5922	4.8045	11.9754	8.62245
Gap	2983	-0.0083	0.1621	-0.7028	0.7645	-0.0040
FinDev（%）	1701	111.5027	91.1617	3.9977	706.3466	84.7587
OPEN（%）	2638	87.2726	55.6949	12.0087	458.3322	75.9022
CAP（%）	2576	22.4640	6.0946	2.0004	67.9844	21.9212

---

① 我们将 4040 房地产业划入了非金融行业。

变量	观测值	均值	标准差	最小值	最大值	中位数
GOV（%）	2598	16. 0038	5. 2742	2. 0471	38. 8361	16. 1136
Human	2106	2. 5651	0. 5087	1. 1919	3. 6187	2. 66284
CPI（%）	2543	6. 9909	13. 1222	-11. 6861	307. 6344	4. 00909
AGE（%）	2680	36. 2946	6. 1724	14. 1945	52. 7105	34. 5918

表 7 - 4　　　　　　　　　　基准模型变量相关性分析

	Gap	FinDev	GOV	CPI	OPEN	Human	CAP
FinDev	- 0. 0217						
	1701						
GOV	0. 0036	0. 0983 ***					
	2598	1675					
CPI	0. 0809 ***	- 0. 2644 ***	- 0. 1183 ***				
	2543	1675	2448				
OPEN	- 0. 0173	0. 4662	- 0. 0399 **	- 0. 1227 ***			
	2638	1682	2585	2481			
Human	- 0. 0401 *	0. 3432 ***	0. 4462 ***	- 0. 1404 ***	0. 1905 ***		
	2106	1595	2071	2008	2093		
CAP	- 0. 0335 *	0. 1921 ***	- 0. 0372 *	- 0. 0731 ***	0. 1614 ***	0. 1468 ***	
	2576	1661	2562	2422	2569	2054	
AGE	0. 0734 ***	- 0. 4076 ***	- 0. 1734 ***	0. 1421 ***	- 0. 2988 ***	- 0. 6690 ***	- 0. 2927 ***
	2680	1693	2573	2518	2613	2106	2551

注：第二行报告的是观察值个数，***、**、*分别表示在1%、5%、10%显著水平上显著。

第三节　实证结果分析

一、金融部门相对收益率、金融发展与经济增长

表 7 - 5 汇报了金融部门相对收益率与经济增长的系统 GMM 回归结果。AR（1）是一阶序列相关性检验，AR（2）是二阶序列相关性检验。AR（1）统计量显著，则表明一阶差分序列相关，即存在内生性问题。AR（2）统计量不显著，则表明二阶差分序列不相关，即该估计方法有效地克服了内生性问

题。Sargan Test 是工具变量有效性检验，该检验值不显著，表明估计中选择的工具变量没有过度识别问题。

表 7 - 5　　　　　　金融部门相对收益率与经济增长的回归结果

	（1）	（2）	（3）	（4）	（5）
	人均实际 GDP 对数	人均实际 GDP 对数	人均实际 GDP 对数	人均实际 GDP 对数	金融发展
人均实际 GDP 对数（一阶滞后）	0.9882 ***	0.9947 ***	0.9871 ***	0.9867 ***	
	(0.0024)	(0.0071)	(0.0017)	(0.0014)	
Gap	0.0290 ***	- 0.0351	- 0.0057	- 0.0197 **	103.3528 **
	(0.0045)	(0.0290)	(0.0056)	(0.0082)	(39.8394)
Gap²		- 0.2257 ***		- 0.2418 ***	
		(0.0840)		(0.0391)	
金融发展			0.0001 ***	0.00004 **	
			(0.00001)	(0.00001)	
政府规模	0.0005	- 0.0001	0.0011 ***	0.0010 **	- 4.5052
	(0.0005)	(0.0012)	(0.0004)	(0.0005)	(3.2108)
通货膨胀	0.0011 ***	0.0022 ***	0.0020 ***	0.0013 ***	- 6.0136 ***
	(0.0001)	(0.0008)	(0.0002)	(0.0003)	(1.7718)
贸易开放度	0.0001 ***	0.00002	0.0001 ***	0.0001 ***	1.0069 ***
	(0.00002)	(0.0001)	(0.0000)	(0.0000)	(0.1748)
人力资本	0.0188 **	- 0.0017	0.0148 *	0.0189 *	129.2874 ***
	(0.0082)	(0.0179)	(0.0087)	(0.0106)	(46.7208)
固定资产投资	0.0025 ***	0.0026 ***	0.0039 ***	0.0030 ***	
	(0.0003)	(0.0007)	(0.0003)	(0.0004)	
老幼抚养比	- 0.0011 *	0.0007	- 0.0005	0.0004	
	(0.0006)	(0.0011)	(0.0007)	(0.0007)	
常数项	0.0538	- 0.0051	- 0.7532	- 0.0335	- 154.8468
	(0.1678)	(0.05211)	(0.4601)	(0.0440)	(100.5394)
样本观测值	1 829	1 829	1 476	1 476	1 547
国家数	114	114	94	94	96
时间固定效应	YES	YES	YES	YES	YES
国家固定效应	YES	YES	YES	YES	YES
工具变量数	172	112	165	142	52
AR（1）（p 值）	0.034	0.026	0.098	0.000	0.358
AR（2）（p 值）	0.638	0.114	0.124	0.119	0.135
Sargan test（p 值）	1.000	1.000	0.978	0.589	0.236

注：括号中报告的是标准误，***、**、* 分别表示在 1%、5%、10% 显著水平上显著。

如表 7-5 所示，回归（1）对模型（1）进行了检验，其中，金融部门相对收益率为 0.0290，且在 1% 的显著水平上显著，这表明金融部门相对收益率上升能够促进经济增长。简单计算得知，每当金融部门相对收益率提高 1 个百分点，经济增长率将下降 0.029 个百分点。由此可见，从全球样本来看，总的而言，金融部门相对收益率对经济增长有促进作用，但是这一作用较弱。

回归（2）在回归（1）的基础上添加了金融部门相对收益率的二次项，其系数为 -0.2257，且在 1% 的显著水平上显著，这表明金融部门相对收益率与经济增长之间可能存在倒 "U" 形关系，即金融部门资本收益率远大于非金融企业资本收益率和远小于非金融企业资本收益率都将不利于经济增长。但是，金融部门相对收益率一次项的系数不显著，也就是说，金融部门相对收益率的最优值为 0。这是符合理论预期的，当金融资本与产业资本的收益率相等时，金融业与非金融业平衡发展，从而能够最佳地促进经济增长。从全球整体样本看，金融部门相对收益率的均值为 -0.83% 且显著小于 0，即位于最优点的左侧，所以，从平均来看，金融部门相对收益率上升是促进经济增长的。但是，中国的金融部门相对收益率已经达到了 7%（2014 年），显然是位于最优点的右侧的，金融部门相对收益率已抑制了经济增长。粗略计算，当中国金融部门资本收益率与非金融企业资本收益率相等、其他条件不变的情况下，人均实际 GDP 增长率提高 0.11 个百分点。

回归方程（5）报告了金融部门相对收益率与金融发展的关系，其中金融部门相对收益率的系数显著为正，表明金融部门相对收益率上升将促进金融发展水平提高。回归（3）在回归（1）的基础上添加了金融发展变量。其中，金融部门相对收益率的系数不显著，金融发展的系数为 0.0001，且在 1% 的显著水平上显著。与回归结果（1）比对后，可以认为，金融发展中介了金融相对资本收益率对经济增长的正向影响。

此外，回归（4）在回归（2）的基础上添加了金融发展变量，我们发现，金融部门相对收益率二次项的系数为 -0.2418 仍然在 1% 的显著水平上显著，同时，一次项的系数为 -0.2418，在 5% 的显著水平上显著。通过计算，最优的金融部门相对收益率为 -0.04。也就是说，控制了金融部门相对收益率对经济增长的积极作用后，最优的金融部门相对收益率下降了。由于金融部门相对收益率的均值为 -0.008，位于 -0.04 和 0 之间，因此，金融部门相对收益率上升能够促进金融发展和经济增长，但是剔除这一因素后，金融部门相对收益率上升会阻碍经济增长。

二、银行效率的估计结果

我们运用 Panle - SFA 方法估计了不同国家的银行效率。表 7 - 6 报告了随机前沿分析的估计结果，其中，回归（6）是技术前沿的估计结果。极大似然值为 9 397. 8147，表明模型的拟合程度较高。

表 7 - 6　　　　　　　　银行效率随机前沿分析的估计结果

VARIABLES	（6） Frontier	（7） Mu	（8） Usigma	（9） Vsigma
lnd	− 0. 205 ***			
	（0. 0457）			
lno	0. 110 ***			
	（0. 0173）			
lnc	0. 0300 ***			
	（0. 0105）			
t	− 0. 00222			
	（0. 00233）			
lno _ sq	− 0. 00501 **			
	（0. 00227）			
lnd _ sq	− 0. 0758 ***			
	（0. 0145）			
lnc _ sq	− 0. 00463 ***			
	（0. 00100）			
lno * lnd	0. 0178			
	（0. 0123）			
lno * lnc	0. 0263 ***			
	（0. 00276）			
Lnc * lnd	− 0. 0515 ***			
	（0. 00900）			
t * lno	0. 000711			
	（0. 000503）			
t * lnd	0. 00148			
	（0. 00306）			
t * lnfa	− 0. 000968 **			
	（0. 000388）			

续表

VARIABLES	(6) Frontier	(7) Mu	(8) Usigma	(9) Vsigma
t_sq	2.50e−07 (7.03e−05)			
NPL		−0.00869 *** (0.000348)		
CAR		0.00130 *** (0.000105)		
NIM		−0.00414 *** (0.00108)		
CtoI		0.000352 *** (4.99e−05)		
LtoD		−0.00130 *** (0.000186)		
LtoTA		−0.0316 *** (0.000349)		
常数项	0.0136 (0.0407)	2.100 *** (0.0130)	−3.776 *** (0.0231)	−5.046 *** (0.0224)
观察值个数	12 951	12 951	12 951	12 951
银行数	1 628	1 628	1 628	1 628
Log likelihood	9397.8147			
Wald chi2 (14)	551.42			

注: 括号中报告的是标准误, *** 、 ** 、 * 分别表示在1% 、5% 、10% 显著水平上显著。

回归（7）是无效率项的估计结果。在无效率项的回归结果中，不良贷款率、净息差、两个流动性指标的系数均在1%的显著水平上显著小于0，也就是说，较低的不良贷款率、净息差和较强的流动性，会同时伴随着较低的生产效率。这是因为，银行贷款生产效率较低时，发放贷款较为谨慎，不良贷款率往往较低；较低的净息差使银行减少了增加放款的冲动；发放贷款较少时，银行的流动性风险较小。而总资本充足率、成本收入比的系数在1%的显著水平上显著大于0，表明总资本充足率和成本收入比越高，银行效率越低。这是因为，银行必须减少贷款才能维持较高的资本充足率；成本收入比越高，银行的贷款动机减少。

本研究将 SFA 银行层面估计的结果取平均值，汇总为"年—国家"层面的指标。表 7 - 7 的 Panel A 和 Panel B 分别报告了银行效率分收入组的均值和分年份的均值。从收入组看，低收入国家的银行效率显著低于高收入国家，银行效率与经济发展水平存在着一定的正相关关系，意味着经济相对发达的地区有着更加发达的银行体系。从年份看，随着时间的推移，银行效率整体有一定的上升趋势，表明银行效率在不断提升。

表 7 - 7　　　　　　　　　　银行效率的描述性统计

	观测值	均值	标准差	最小值	最大值
Panel A：不同收入组的均值					
OECD 高收入国家	231	0.7784	0.1576	0.368	0.988
非 OECD 高收入国家	169	0.7405	0.1572	0.316	0.9795
中高收入国家	275	0.7277	0.1919	0.1903	0.9959
中低收入国家	145	0.7071	0.1685	0.2668	0.9766
低收入国家	69	0.6974	0.1623	0.2817	0.9316
Panel B：不同年份的均值					
2000	43	0.6670	0.1714	0.3357	0.9710
2001	46	0.6627	0.1634	0.3286	0.9680
2002	46	0.6747	0.1868	0.1903	0.9602
2003	51	0.7029	0.1887	0.2375	0.9956
2004	66	0.7332	0.1819	0.2510	0.9959
2005	75	0.7197	0.1765	0.2419	0.9770
2006	80	0.7196	0.1855	0.2439	0.9865
2007	86	0.7499	0.1788	0.2668	0.9751
2008	93	0.7683	0.1676	0.3239	0.9788
2009	98	0.7627	0.1548	0.3274	0.9885
2010	101	0.7691	0.1578	0.3249	0.9853
2011	104	0.7825	0.1452	0.3268	0.9885
2012	102	0.7933	0.1285	0.4129	0.9888
2013	105	0.7797	0.1427	0.4351	0.9889
2014	96	0.7803	0.1418	0.4206	0.9891

三、不同银行效率下金融部门相对收益率与经济增长

表 7 - 8 汇报了不同银行效率下金融部门相对收益率与经济增长的估计结

果。其中，回归（6）是对公式（7.5）的系统 GMM 估计结果，回归方程中控制了金融发展。银行效率与金融部门相对收益率交叉项的系数为 0.68461，且在 1% 的显著水平上显著；金融部门相对收益率的系数为 - 0.4837，在 1% 的显著水平上显著。这表明，在剔除对金融发展积极作用的情况下，金融部门相对收益率的提升不利于经济增长，且在银行效率相对较低的国家，这一抑制作用更强。根据简单估算，以银行效率的均值 0.7495 代入计算，可知：当金融部门相对收益率提高 10 个百分点时，银行效率若提高 0.1 个单位，则人均实际 GDP 增长率将少下降 0.5 个百分点。当银行效率取最小值 0.1903 时，金融部门相对收益率提高 10 个百分点，人均实际 GDP 增长率下降 3.5 个百分点。由此可见，在银行效率较高的国家和地区，金融部门相对收益率上升对经济增长的抑制作用减少；而在银行效率较低的国家和地区，金融部门相对收益率对经济增长的抑制作用更强。

表 7-8　　不同银行效率下金融部门相对收益率与经济增长的估计结果

	（6）人均实际 GDP 对数	（7）人均实际 GDP 对数	（8）人均实际 GDP 对数	（9）人均实际 GDP 对数
人均实际 GDP 对（一阶滞后项）	0.9903 ***	0.9667 ***	0.9924 ***	0.9781 ***
	(0.0019)	(0.0337)	(0.0034)	(0.0045)
Gap	- 0.4837 ***	- 0.0720	- 0.5318 ***	- 0.0199 *
	(0.0541)	(0.1280)	(0.0925)	(0.0119)
$BankEff_{Bank}$	0.0696 ***	0.1524		
	(0.0112)	(0.1931)		
$BankEff_{Bank} \times Gap$	0.6846 ***			
	(0.0647)			
$BankEff_{Country}$			- 0.0422	0.1131 ***
			(0.0461)	(0.0350)
$BankEff_{Country} \times Gap$			0.5709 ***	
			(0.1059)	
金融发展	0.0001 **	0.0003	0.0001	0.0001 ***
	(0.00002)	(0.0003)	(0.00004)	(0.0000)
政府规模	- 0.0006	0.0031	0.0011	- 0.0002
	(0.0004)	(0.0060)	(0.0012)	(0.0006)
通货膨胀	0.0007	0.0036	0.0026 ***	0.0021 ***
	(0.0005)	(0.0044)	(0.0009)	(0.0005)

续表

	(6)	(7)	(8)	(9)
	人均实际 GDP 对数	人均实际 GDP 对数	人均实际 GDP 对数	人均实际 GDP 对数
贸易开放度	0.0001*	−0.0008*	0.00004*	−0.0000
	(0.0000)	(0.0004)	(0.00002)	(0.00002)
人力资本	−0.0054	0.0307	−0.0173	0.0061
	(0.0067)	(0.0867)	(0.0152)	(0.0127)
固定资产投资	0.0013***	−0.0055	0.0041***	0.0017***
	(0.0004)	(0.0051)	(0.0007)	(0.0004)
老幼抚养比	0.0005	−0.0239*	0.0001	−0.0001
	(0.0007)	(0.0124)	(0.0012)	(0.0013)
常数项	0.0251	1.0112*	0.0410	0.0535
	(0.0330)	(0.5585)	(0.0409)	(0.0332)
样本观测值	615	615	795	795
国家数	76	76	79	79
时间、国家固定效应	YES	YES	YES	YES
工具变量数	91	31	89	97
AR (1) (p 值)	0.000	0.005	0.001	0.000
AR (2) (p 值)	0.129	0.152	0.317	0.193
Sargan Test (p 值)	0.106	0.819	0.334	0.156

注: 括号中报告的是稳健标准误, ***、**、* 分别表示在1%、5%、10% 显著水平上显著。

功能良好的金融体系能够通过减缓信息不对称和交易成本来扩大资源配置, 促进经济增长 (Beck 和 Levine, 2004)。银行效率较高表明银行会慎重地选择投资对象, 不会将贷款盲目地投向风险较高、效率较低的企业 (Hasan、Koetter 和 Wedow, 2009), 发挥筛选项目的作用, 而金融部门相对收益率反映了银行的盈利能力较强, 能够使银行具有实力去发放贷款。因此, 在银行效率较高的国家和地区, 金融部门相对收益率增加会使银行扩张投资并高效率地配置资源, 进而促进经济增长。

但是, 当银行效率较低时, 银行体系不能够将信贷资源合理配置到高效率的项目或企业。金融资本的高收益率将会使银行减少"风险投资"的意愿, 将资金投到更加保守、技术却可能相对落后的行业, 对企业要求更加充足的抵押品, 从而进一步恶化了资源配置, 阻碍了经济增长。此外, 产业资本的收益率较低，生产率不高的企业在银行效率较高时尚能够借助融资来提高生产率，而在银行效率较低时，它们将更加难以生存。因此，银行效率越低，金融部门相对收益率上升对经济增长的阻碍作用越强。

为了与回归（6）形成对比，回归（7）报告了没有添加交叉项的情况。金融部门相对收益率的系数为 - 0.0720，不显著，银行效率的系数为 0.1524，也不显著。这与回归结果（4）保持了一致。

四、稳健性检验

出于稳健性考虑，本研究又采用了另一种度量银行效率的方式来进行分析。使用国家层面银行体系的投入产出数据，利用面板随机前沿分析方法估计国家的银行效率 $BankEff_{Country}$，这样可以减少银行层面数据估算时的偏差（Chortareas et al.，2010）。

表7－8 的右二列报告了替换银行效率测度后的稳健性检验结果，仍然采用系统 GMM 方法。AR（1）均在1%显著，AR（2）均不显著，表明一阶序列相关，二阶序列不相关，内生性被有效克服。Sargan test 均不显著，表明不存在工具变量过度识别问题。从回归（8）和回归（9）我们看到，无论是使用国家层面数据估算的银行效率，还是使用净息差的相反数度量的银行效率，银行效率与金融部门相对收益率的交叉项目系数均为正，且在1%的显著水平上显著。金融部门相对收益率的系数为负。这表明，在剔除金融部门相对收益率上升对金融发展的积极作用后，银行效率越低，金融部门相对收益率对经济增长的阻碍作用越强，可以认为这一结论是稳健的。

五、对其他传导机制的进一步探索

金融功能体现了金融发展的质量。金融功能观认为，金融功能的提升是金融发展促进经济增长的最重要途径（Merton 和 Bodie，1995；Merton 和 Bodie，2004）。Levine（1997；2002）把金融功能分为管理风险、资源配置、监视经理人、动员储蓄等。Cihak 等人（2012）构建的金融发展数据库中，将金融功能划分为金融深化、金融效率、金融稳定性和金融可得性[①]四个方面。前文中已

---

① 其中，金融深化与传统度量的金融发展指标一致，也是本研究所采用的金融发展；这里的金融效率与前文的银行效率不同，主要指金融体系在配置资源时的资源占用，一般用净息差（Net Interest Margin）度量，为了以示区分，对这一概念下称净息差；金融可得性也是金融包容（Financial inclusion）的重要组成部分，国内文献多称之为普惠金融。

经考察了金融发展（金融深化）的中介机制，我们这里重点考察后面三者。由于银行是金融机构的主体，我们主要考察银行的可得性、净息差、稳定性对金融部门相对收益率与经济增长关系的中介效应。变量度量如表 7 - 9 所示，数据均来自金融发展数据库。

表 7 - 9 金融功能的度量和描述性统计

变量	度量方法	样本数	均值	标准差	最小值	最大值
银行可得性	人均银行账户数	348	706. 574	612. 197	9. 959	3335. 09
银行效率	净利息收入/生息资产	1673	- 4. 572	3. 044	- 23. 320	- 0. 007
银行稳定性	Z - score	1671	15. 114	10. 083	- 21. 224	58. 710

数据来源：GFDD 数据库。

考虑到金融变量之间的内生性可能，我们依然采用两阶段系统 GMM 估计方法来分析，借鉴因果分析法（Baron 和 Kenny，1986）构建模型如下：

$$\ln Y_{i,t} = \beta_0 + \beta_1 \ln Y_{i,t-1} + \beta_2 Gap_{i,t} + \beta_4 Me_{i,t} + \beta'_3 Z_{i,t} + u_i + \mu_t + \varepsilon_{i,t}$$

$$(7.8)$$

$$Me_{i,t} = \beta_0 + \beta_5 Gap_{i,t} + u_i + \mu_t + \varepsilon_{i,t} \qquad (7.9)$$

其中，$Me_{i,t}$ 即代表中介变量金融功能：银行的可得性、净息差、稳定性。由于这里考察的是金融部门相对收益率阻碍经济增长的中介，是负向的中介效应，因此，式（7.8）中的中介变量系数 β_4 显著，自变量系数 β_2 显著且大于式（7.5）中的系数，则表明中介效应成立。

表 7 - 10 展示了机制检验的回归结果。回归（11）中金融部门相对收益率的系数显著为负，表明金融部门相对收益率提高时，银行服务的可得性会显著下降。当银行的盈利性较高时，一方面银行就会适当减少风险较高的投资行为，另一方面银行会减少对经济欠发达地区的服务支持，从而减少了银行服务的可及性。银行可及性是限制中小企业成长的重要因素（Beck 和 Demirguc - Kunt，2006）。银行可及性提高，有助于金融体系发挥其功能，增强对实体经济发展的促进作用（Beck et al.，2013）。银行可及性较强的金融体系，使更多的企业可以获得融资（Beck et al.，2008），而且能够扶植新创企业的建立（Ayyagari et al.，2015；Klapper et al.，2006），同时还能够促进企业规模的扩大，从而促进经济增长。

表 7 - 10 　　　　　　　　　　**金融部门相对收益率与金融功能**

	（10）人均实际GDP对数	（11）银行可得性	（12）人均实际GDP对数	（13）净息差	（14）人均实际GDP对数	（15）银行稳定性
人均实际GDP对（一阶滞后项）	1.0134 ***		0.9903 ***		0.9927 ***	
	(0.0074)		(0.0011)		(0.0012)	
Gap	0.0653 ***	-1259.8 *	0.0423 ***	9.9945 **	0.0474 ***	-29.38700 ***
	(0.0204)	(661.1)	(0.0043)	(4.2439)	(0.0032)	(9.75678)
银行可得性	0.00002 **					
	(0.00001)					
净息差			-0.0009 ***			
			(0.0001)			
银行稳定性					0.0003 ***	
					(0.0001)	
政府规模	-0.0009		-0.0004 *		-0.0009 ***	
	(0.0020)		(0.0002)		(0.0002)	
通货膨胀	-0.0003		-0.0001		-0.0003 *	
	(0.0005)		(0.0001)		(0.0001)	
贸易开放度	-0.0001		0.0001 ***		0.00003 **	
	(0.0001)		(0.00001)		(0.00001)	
人力资本	-0.0531 **		0.0019		0.00119	
	(0.0208)		(0.0072)		(0.00693)	
固定资产投资	0.0014		0.0015 ***		0.00137 ***	
	(0.0009)		(0.0002)		(0.00012)	
老幼抚养比	0.0044 *		-0.0009 **		-0.00089 **	
	(0.0025)		(0.0004)		(0.00035)	
常数项	-0.4714	-1094.7	0.1100 ***	4.6677 ***	0.09071 ***	15.18727 ***
	(0.2866)	(1530.7)	(0.0269)	(0.3034)	(0.02264)	(1.03223)
样本观测值	255	348	1 277	1 673	1 276	1 671
国家数	46	59	113	142	111	139
时间、国家效应	YES	YES	YES	YES	YES	YES
工具变量数	161	30	185	26	193	31
AR (1) (p值)	0.001	0.337	0.123	0.000	0.128	0.004
AR (2) (p值)	0.273	0.306	0.964	0.368	0.924	0.402
Sargan Test	0.304	0.195	1.000	0.244	1.000	0.000

注：括号中报告的是稳健标准误，***、**、*分别表示在1%、5%、10%显著水平上显著。

回归（10）中，银行可得性的系数为 0.00002，且在 5% 的显著水平上显著，体现了银行可得性对经济增长的促进作用；而金融部门相对收益率的系数为 0.06531，且在 1% 的显著水平上显著，大于回归（1）中的 0.0286。这表明，银行可得性确实是金融部门相对收益率影响经济增长的一条传导机制，控制了这一影响后，金融部门相对收益率对经济增长的正向作用显著提高 0.036。

类似地，回归（13）检验了金融部门相对收益率与净息差的关系，其中，金融部门相对收益率的系数为 9.99446，且在 5% 的显著水平上显著，表明金融机构相对企业的盈利性上升，能够使银行在资源配置过程中占用更多的资源。回归（12）中，净息差的系数为 -0.00094，且在 1% 的显著水平上显著，说明了净息差的上升不利于经济增长；金融部门相对收益率的系数为 0.04227，在 1% 的显著水平上显著，大于回归（1）中的 0.02895。这表明，净息差也是金融部门相对收益率影响经济增长的一条传导机制，控制了这一影响后，金融部门相对收益率对经济增长的正向作用显著提高 0.013。

回归（14）和回归（15）报告了银行稳定性的情况。在回归（14）中，银行稳定性的系数显著为正，金融部门相对收益率的系数为 0.04736，也显著大于回归（1）中的 0.02895，表明银行稳定性可能也是一条传导机制。可是，回归（15）中，尽管金融部门相对收益率的系数显著为负，但是模型未通过 Sargent 工具变量过度识别检验，因此，这一结果不是稳健的。这可能是由于金融部门相对收益率上升反映了银行利润上升，而银行利润上升使银行拥有更雄厚的资本而增强了其抵御风险的能力。

第四节　本章小结

本章通过构建 1989—2011 年 114 个国家的跨国面板数据，采用可有效克服内生性问题的两阶段 GMM 估计法，对金融部门相对收益率与经济增长的关系进行了检验。我们发现：金融部门相对收益率与经济增长之间呈现倒"U"形曲线关系，当金融部门资本收益率与产业资本收益趋于均衡时，经济增长速度最快。金融发展是金融部门相对收益率上升促进经济增长的一条重要的传导途径，剔除该影响后，金融部门资本收益率上升将阻碍经济增长，而且在银行效率较低的国家和地区，这一阻碍作用更强。进一步的机制检验表明，金融部门相对收益率是通过削弱金融功能而阻碍经济增长的。对于我国而言，金融部门资本收益率与非金融企业资本收益率趋于均衡更能促进经济增长。

第八章

研究结论与未来展望

金融资本在全球经济发展中起到了举足轻重的作用。然而，"水可载舟，亦可覆舟"。随着经济发展和金融发展的不断深化和经济不确定性的增加，金融资本不利于实体经济发展的现象也逐渐显露。这些现象与金融部门资本收益率和非金融企业资本收益率的相对大小有密不可分的联系。本研究从金融部门资本收益率和"金融乱象"入手，对现代市场经济中金融资本的特点和作用进行了分析。本章先对全文的结论做出总结，再基于这些结论提出一些政策建议，最后给出未来进一步研究的方向。

第一节　主要结论

一、现代市场经济中金融资本的新特征："先导性"和"双刃剑"

自 GoldSmith（1969）以来的众多学者都认为金融发展有利于经济增长，以 Levine（2005）为代表的实证研究也对此观点提供了大量的经验事实。从历史的视角，王广谦（1997）对金融经济发展中的贡献与效率进行了梳理和分析，他指出金融发展对经济发展的推动作用经历了"两次飞跃"：（1）17 世纪初阿姆斯特丹银行银行券的发行与流通，金融对经济的作用从"适应性"转变为"主动性"；（2）20 世纪初金本位制的解体和金属铸币流通的终结，使金融对经济的作用从"主动性"转变为"先导性"。然而，本研究表明，当经济发展进入到完全的信用货币制度阶段时，虽然金融资本具有"先导性"作用，但如果不能恰当地管理金融资本，金融资本将变成一把"双刃剑"。

一方面，在现代市场经济中，金融资本在经济发展中起到"先导性"的积极作用。当金本位制货币体系解体、金属铸币流通终结后，信用货币失去了黄金储备的约束，可以在生产潜力允许的条件下先于生产而出现在经济生活中，并带动经济的发展。完全信用货币制度下，货币供给下已无技术限制，金融产品和服务的创新也更加频繁。经济货币化和经济金融化程度不断提高，金融资本为实体经济提供了大量金融资源，促进了实物资本积累和经济发展。

另一方面，如果不能恰当地管理和运用金融资本，金融资本将变成一把"双刃剑"。第一，快速增长的金融资本增加了经济风险和增强了经济危机的破坏性。经济全球化和金融全球化使全球世界各国的金融体系共同组成了一张复杂的社会网络，风险能够在网络中迅速地从一国传染到另一国。金融资本具有了全球性，在追逐收益和规避风险目的的驱使下，穿梭于世界各国和各行业之间，增加了全球金融体系的系统性风险。第二，地位不断提升的金融资本对实体经济的控制力加强。金融的"先导性"作用不仅指金融先于实体经济而动，促进资本积累、科技进步、人力资本积累等，更为重要的是，它还反映了金融资本的控制者（金融控股集团）对实体经济产业的规划与布局，使经济朝着金融资本所期望的方向去发展。然而，金融资本多以低风险、高收益为导向，具有一定的短视性，对潜在优势产业的甄别能力不足，如果没有合适的政策的引导，金融资本往往不会自动流向潜在优势产业，这不利于产业结构升级和经济发展。第三，金融资本的发展使收入不平等不断严重。金融部门的规模和占比都在不断增长，其资本收益率也高于非金融企业资本收益率，导致金融资本控制者的收入加速上升，社会收入差距变大。

本研究的这一结论对金融发展理论作出了补充。在现代经济发展中，金融资本虽然仍然起到积极的作用，但是，若不能对金融资本进行恰当管理和运用，其消极的一面可能会暴露出来，并抵消甚至掩盖其积极的一面。我们既要保障金融体系能够服务于实体经济，又要防止实体经济过度依赖于金融体系，谨防经济过度虚拟化（王广谦，2001），才能促进经济健康发展。

二、金融资本的逻辑使经济日益金融化、虚拟化和空心化

不仅是中国，欧洲、美国都存在着经济金融化、虚拟化和空心化的问题。一些国内外学者也认为，金融资本过度发展、"脱实向虚"会引起金融危机。本研究延伸了这一观点，指出了金融资本的逻辑是导致经济日益金融化、虚拟化和空心化的深层原因。引起"金融乱象"的直接原因是金融部门与非金融企业之间资本收益率差距的不断扩大，而引起这一差距不断扩大的直接原因是金融部门的垄断，以及资产价格泡沫的分配效应。金融部门的垄断、资产价格

泡沫的分配效应都与金融资本的固有逻辑有关。

金融部门的垄断包括两个方面：一个是行政垄断——金融行业壁垒，另一个是自然垄断——市场集中度的自然上升。第一，金融资本与货币资本的高度融合。随着技术进步和金融发展，金融资本在社会中充当了大部分的流通手段和支付手段，经营金融资本融通和经营支付清算服务的机构就自然而然地合二为一，形成了现代银行业。支付交易等活动所产生的信息都汇集到银行，银行成为了经济中最重要的部位之一。私人部门出于对利益的追求，致力于投资和控制银行业，而国家政府出于对金融安全的考虑，对金融业设置了严格的监管和较高的准入门槛。第二，金融资本具有规模经济的特点。银行业的经营对象是货币，它主要的"原材料"是银行的负债，如存款和金融债券，而存款利率或金融债券利率就是银行的平均成本。风险是利率定价的重要影响因素，高的风险将引起高利率。而银行具有典型的"大而不能倒"特性，越是资产规模大的银行，倒闭的风险越小。因此，银行的平均成本会随着银行负债的上升而下降，即满足了长期平均成本下降的特点。长期平均成本下降是规模经济的充要条件，而金融资本的规模经济特征导致金融机构极易形成自然垄断。金融部门的垄断既有行政垄断的一面，也有自然垄断的一面，它们都是与金融资本的逻辑有关的。

在资产价格泡沫膨胀和破灭的过程中，投资者实现的收益率存在极大的差异，造成这种差异的原因不仅是对经济收益部分的分配，而且是对存量资本的再切割。这就是资产价格泡沫分配效应。引起价格泡沫的直接原因是人类的"动物精神"，而引起资产价格泡沫更深层的原因是金融资本的流动性和投机性。金融资本的流动性解决了投资项目的时间可分性和空间可分性，为金融资本提出了一种新的退出方式——价差收入。但由于金融资产的价格和价值并不能时时保持一致，这就产生了资产价格波动，进而导致金融资本的投机性。在大多数情况下，投机资本也成为了泡沫中的助推者。资产价格泡沫在短时间内大幅波动，投资者之间几近"零和"。在市场中，处于资本规模优势、信息优势和技术优势的一方常常在泡沫中获得了巨额的收益；反之，另外一方，主要是中小投资者就遭受了巨大的损失。

金融部门的垄断性和资产价格泡沫的分配效应都为金融部门提供了高收益率，从而加速了金融资本的积累，引起经济金融化；导致实体经济中实物资本向金融资本的转移，实体经济中从事金融投资活动增多，经济日益虚拟化和空心化。本研究的这一结论对金融资本的有关理论进行了延伸。金融资本的发展之所以会引起经济金融化、虚拟化和空心化，是因为金融资本的固有逻辑。

三、投资驱动的经济发展方式导致金融资本配置扭曲

针对"金融乱象"，学术界有很多不同的观点。有部分学者认为资本账户管制和外汇储备管理体系推动了货币增长，也有学者强调金融业多头监管引起监管套利行为。本研究认为，金融资本的过度发展才是"金融乱象"的重要原因，其背后是信用货币制度、金融资本的固有逻辑和投资驱动的经济发展方式。

金融部门资本收益率高于非金融企业资本收益率的现象在中国、巴西、俄罗斯等新兴市场国家都存在。高速增长的经济体的确更加依赖于金融资本，而我国长期采取的是投资驱动的经济发展方式，这种经济发展方式进一步助推了金融资本的过度发展。尤其是 2008 年国际金融危机以来，我国政府采取的数轮刺激性投资，是引起我国金融资本膨胀、经济虚拟化的重要原因之一。

我国政府主导的投资项目，一部分通过财政融资，另一部分通过商业银行提供融资。财政融资中一个最重要的手段是发行国债。从整体而言，金融体系为我国的投资驱动经济发展提供了大量的金融资本作为支持，因而金融机构的杠杆率和实体经济的高杠杆率都不断上升，金融资本快速发展。然而，金融机构的杠杆率上升会使金融机构将金融资本投向更安全的资产。在欧美国家，安全资产主要是无风险的国债和低风险的银行间市场。在我国，向有政府隐性担保的国有企业、有抵押资产的传统行业提供的贷款，就是相对安全的资产。我国金融机构的金融资本就主要流向了这些企业。一方面，由于我国长期依赖投资驱动经济发展，随着资本不断积累，资本边际效率不断下降，尤其是国有企业和传统企业，故流向这些企业的金融资本不能发挥其应有的作用。由于资本效率下降，这些企业的生产性收益率较低，因而它们将过剩的金融资本转投向影子银行，这就是经济空心化和"金融自我循环"。另一方面，高风险的新兴企业、私营企业的资本需求得不到满足，被迫到影子银行融资，这就造成了"融资难"和"融资贵"。随着金融机构的杠杆率越来越高，金融部门资本收益率不断上升，影子银行体系的规模和金融资本的规模相对于经济规模也不断增加。

本研究对我国当前经济中的"金融乱象"给出了新的解释。信用货币制度为金融资本的增长创造了条件，金融资本的逻辑为经济金融化、虚拟化和空心化提供了动力，而 2008 年以来，应对经济减速所采取的一系列投资刺激性政策成了"金融乱象"的导火索。

四、金融部门与非金融企业的资本收益率均衡是最优状态

在分析了现代市场经济中金融资本的特点及其对经济发展的影响后，本研究尝试回答怎样的金融体系才是有利于经济增长的。区别于现有仅关注金融规模指标的文献，本研究重点考察金融部门与非金融企业的资本收益率关系这一指标。关于探索金融部门资本收益率与经济增长的文献较少，且并未得到一致的结论。

基于全球 114 个国家 1989—2014 的样本，考虑内生性的系统 GMM 回归结果表明，金融部门相对收益率与经济增长的关系呈现倒"U"形，且最优点的位置恰为 0。也就是说，金融部门资本收益率与非金融企业资本收益率趋于均衡将有助于经济增长。这一结果十分符合预期。按照要素收益均等或长期经济利润为零的观点，任何行业间的资本收益率长期都应该趋向均衡，若不相等，这必然引起资本从一个行业向另一个行业的转移，而引起行业结构调整，直至行业的收益率都相等，使经济移到平衡增长路径上。

金融部门相对收益率上升能够通过促进金融发展从而促进经济增长，也能够通过抑制金融功能而阻碍经济增长。具体地，本研究对金融部门相对收益率上升对经济增长的影响机制进行了识别。与之前的理论分析结果类似，金融部门相对收益率上升能够推动金融发展，从而促进经济增长。较高的金融部门资本收益率能够加速金融资本的积累，从而使金融规模上升。同时，我们还发现，金融部门相对收益率上升会阻碍金融体系的功能。银行业的利润率上升使其减少风险资本的持有，降低对风险相对较高企业的贷款支持，也减少了对欠发达地区的金融服务，还提高了银行业的垄断程度，进而提高了净息差，这些都将阻碍经济增长。此外，我们还发现，在银行效率本身较低的国家和地区，这种抑制作用会更加明显。

与金融经济关系的文献相比，本研究尝试用"金融部门相对收益率"这一指标刻画金融支持实体经济的质量，较金融深化指标更有意义。与研究银行业盈利性与经济增长的文献相比，本研究更详细分析了金融部门相对收益率影响经济增长的两条相反的机制。从现实角度看，以金融部门资本收益率与非金融企业资本收益率平衡为中间目标，实施金融改革和调控政策，将有助于经济增长。

第二节 政策建议

基于本研究的主要结论，结合中国当前面临的国内外经济环境，本研究认为，我国应当不断深化金融改革，处理好政府与市场在金融领域中的关系（彭俞超、张雷声，2014），既要针对实体经济面临的问题做出政策支持，又要不断完善金融体系和金融制度，使金融部门资本收益率与非金融企业资本收益率趋于均衡，抑制金融资本的过度增长，提高金融资本对实体经济的支持力度，防止经济过分虚拟化、空心化，才能推动经济结构转型和经济发展。具体地，本研究提出以下四个方面的政策建议。

一、转变经济发展方式，创新驱动与提高投资配置效率

2008 年国际金融危机以来，我国经济增长率持续下滑，经济内结构性矛盾也日益突出，经济暴露出来的问题是我国长期投资驱动经济发展的结果。"四万亿"投资计划，以及随后的一系列凯恩斯主义的需求侧管理，都被证明对我国当前经济发展弊大于利。完全依靠投资驱动的经济发展方式已经不能推动经济发展，只有积极转变经济发展方式，推动创新驱动经济发展，才能为经济改革提供新动力，为经济发展增添新动能。同时，要从经济供给侧出发，积极调整产业布局，优化产业结构，淘汰过剩产能，发展先进服务业和战略新兴产业，推动经济长期发展。

要实现创新驱动经济发展，首先要鼓励创新，积极构建创新的激励机制，保护创新者的合法权益。如加大对知识产权的保护力度，提高对创新的政府补贴等，增强企业与高校等研究机构的合作力度。其次，要为创新提供良好的政策环境。对企业的科技研发投入加大加计扣除的减税力度，简化对企业的经营审批程序，增强政府有关部门对企业的服务力度。对高校和研究机构的科研项目进行人性化的管理方式，减少行政约束，提高科研自由度。再次，要加强教育投资，提高教育质量，注重人力资本的培养。人力资本是科技创新的主要力量，注重人才培养，将有助于形成长期的创新机制，推动创新的持续发展。最后，加强科技创新的推广应用，发挥技术进步的溢出效应。创新并不是要盲目的标新立异，要让创新有价值，就要结合市场中的实际需求，使创新能够推广到市场中，创造价值。

从投资驱动经济发展转向创新驱动经济发展，并不等同于投资不重要，而

是要合理控制投资总量，优化投资结构，提高投资有效性。我们既要有效的市场，也需要有为的政府。政府应减少刺激性投资，将有限的投资集中投向国民经济的重点领域，为私人投资让出空间并改善其投资环境，鼓励"大众创新和万众创业"。同时，政府应该"调整投资方向，除国家战略性行业等之外，减少国家对一般性竞争行业的投资，加大教育、医疗、居民服务等领域的投资"①。此外，政府投资应当减少对银行信贷的依赖，多以财政赤字或发放国债的方式增加投资，这样有助于缓解政府及国有企业融资对私人部门融资的挤出效应。

二、重视实体经济的发展，增加产业资本的收益

工业、农业和服务业都是为社会创造真实财富的产业，不应过度依赖金融业，要更加重视实体经济、非金融产业的发展。金融资本的过度积累不利于经济发展，在经济持续疲软的情况下，宽松的货币政策虽然能够释放信贷，促进金融资本增长，但不能有效地改善企业的融资难问题。当前情况下，金融资本并不匮乏，引导金融资本真正流入实体经济，才是抑制经济下滑趋势的有效政策。

非金融企业的高杠杆率缘于债务融资规模远大于权益融资规模。但是，从另一个角度说，如果实体经济较有效率，产业资本收益率较高，高杠杆率并非是坏处。当前经济中充斥着信贷资源和流动性，缺乏的是收益率较高的实体经济项目。李健（2016）指出："政府一方面通过运用财政政策、货币政策和产业政策等手段，调节不同类别的资本收益，重点是相对降低金融资本的收益率；同时降低企业融资成本，尤其是非银行金融机构和股权融资的成本，抑制影子银行、互联网金融和民间借贷的高利率，让利于企业。另一方面，通过推进完善相应的制度和改革行政管理，为企业增强活力和盈利能力创造良好的制度环境和经营氛围。只有提高产业资本的回报率，才能吸引更多的外部资金投入到企业成为权益资本，才能激发企业增加内源资本积累的积极性。"②

逐利是资本的天性，唯有通过扩张的财政政策、鼓励的产业政策，提高实体经济中产业资本的收益率，才能使金融资本流入实体经济，避免金融资本在金融体系内部空转。通过政策措施改善实体经济的经营环境，降低税负，提高政策补贴，鼓励非金融的、生产性的项目发展，将有助于缓解当前经济的困局。

---

①　引自《王广谦委员：一般项目投资权应尽量下移》，财新网，http：//topics. caixin. com/2016 - 03 - 03/100915554. html。

②　李健. "去杠杆"重在增加产业资本投入［N］. 中国社会科学报，2016（887）.

三、提高资本市场的融资功能，着力培养理性长期投资者

股市是经济的晴雨表，但是我国的资本市场不仅不能够与经济走势相吻合，而且资产价格波动较大，甚至常常出现泡沫。如 2007 年和 2015 年两次较大的股市震荡，使投资者遭受了巨大的损失。根据本研究的分析，资本市场的价格波动为金融部门的高盈利性提供了支持。伞形信托、场外配资等非常规的市场操作，使信贷资金流向股市，为金融机构带来了较高的收益，却阻碍了实体经济的发展。较多学者指出，提高直接融资比重将有助于经济增长。然而，针对我国股票市场的现状，政府应当提高股票市场的融资功能，着力培养理性的长期投资者（李健，2016）。

为企业提供融资是股票市场的最基础功能。要促进实体经济的发展，化解实体经济高杠杆问题，就要积极提高资本市场的融资功能。据国家统计局数据，2015 年末沪深两市流通市值达 41.79 万亿元，而 2015 年新增社会融资规模中，非金融企业境内股票融资 7 604 亿元，仅占股票市值的 1.82%，占新增社会融资规模的 4.93%。这一数据显著低于发达国家水平。政府应当降低企业股票发行费用，减少股票发行的环节，逐步过渡到注册制，让更多的资本参与到一级市场中来。只有提高股票市场的融资功能，使更多的企业接受股票融资服务，才能真正使股票市场资金进入实体经济生产环节，促进实体经济发展。

股票作为一种投资方式，最主要的收益来源应当是被投资企业定期分配的股利。股票市场的流动性，赋予了股票及时变现的能力，使股票投资者拥有了另外一种退出投资的方式——价差收益。然而，依靠短期股票价格与价值的偏离获取价差收益，并非是股票投资者应追求的盈利方式。李健（2016）认为，"在股票市场上，真正的理性投资者是那些具有健康的投资理念和良好的投资心态，不求炒股追逐暴利，只要略高于长期债权收益的股利回报者"[①]。培养理性投资者才能有助于金融市场稳定，有助于金融市场发挥其重要的融资和投资功能。

当前，我国个人投资者开户数占总投资者的 99% 以上，投资资金规模占 85%。虽然金融市场参与主体的结构是金融市场结构评价的重要方面（李健、贾玉革，2005；李健、吴腾华，2009），改善投资者结构对股票市场的发展至关重要，但是改善投资者结构的重点并不在于是散户为主还是机构为主，而在

[①]　李健. "去杠杆"重在增加产业资本投入 [N]. 中国社会科学报，2016（887）.

于鼓励并培育大批真正的理性投资者（李健，2016）。只有当投资者素质和理性程度提高，才能去除金融市场中追逐短时间、高利润的氛围，才能使金融市场逐渐成熟，资本不断地通过金融市场流到实体经济中去。

四、鼓励和引导发展民营银行，建立多层次银行体系

银行业结构反映了银行业的垄断程度，决定了银行业服务于实体经济的效率。我国长期以来较高的银行业准入门槛的确制约了民营资本进入银行业，同时也是导致我国银行业收益率较高而效率较低的原因之一。从我国当前的银行业结构看，鼓励发展民营银行有助于增强银行业竞争，有利于提高银行业服务质量，降低银行业资本收益率。但是，考虑到金融安全，在鼓励民营资本进入银行业的同时，也应当注重引导，防止民营银行一哄而起。要积极地对民营银行进行风险管理和经营指导，甚至可以试行无限责任公司制度（王广谦，2014）。

此外，建立多层次的银行体系将有助于缓解银行业垄断。我国当前的银行可分为政策性银行、大型股份制商业银行（即国有五大行）、股份制商业银行、城市商业银行、农村商业银行和外资银行等。但是，大型银行的资产总额占全部银行资产的50%左右。一方面，我们要进一步丰富银行业层次，构建不同规模、不同风险偏好和不同专业化领域的多层次银行体系，使大企业、中小企业和各行业都有最适合的银行与之合作；另一方面，我们要进一步改善银行业结构，增加小规模银行的数量，减少银行业并购，反对银行垄断，反对银行间合谋，形成有效竞争市场。通过建设多层次的金字塔式银行体系，才能够促进银行业竞争，减少银行业垄断，提高银行业效率，形成多层次的利率体系，使市场能够有效地在资源配置中发挥决定性作用。

更为重要的是，应当减少政府对银行的行政化管理，将行政干预转为监管。虽然，在形势严重的情况下，行政手段能够迅速地纠正市场行为、防止市场失灵，快速达到政策目标，但是也会阻碍市场机制的形成，使市场主体不能够正确地根据市场情况来作出决策。行政干预不利于银行业自主地经营决策，而且容易滋生地方政府和地方银行之间的腐败行为。

第三节　未来研究展望

尽管本研究围绕金融资本及其收益率的现状、原因及影响做出了很多分

析，但是，现代市场经济中的金融资本这一研究是一项庞大而复杂的课题。本研究对此的探讨仍存在着一些不足，未来需要从以下几个方面做进一步的研究。

第一，将风险纳入分析框架。本研究目前的分析主要考虑的是确定性的经济。金融业是经营风险的行业，但是其所真正承担的风险仍来自于实体经济。金融业和实体经济是连接在一起的，而且这种关系越来越紧密。金融业风险将如何影响金融资本的特点和规律？我们需要进一步将风险和不确定性纳入分析框架，才能回答这一问题。

第二，金融部门相对收益率的结构分析。本研究着重回答了从整体上看金融部门资本收益率长期大于非金融企业资本收益率的原因，却未能从异质性的角度，对不同类型的金融机构和不同类型的金融资产展开分析。以结构分析的方法，以异质性为视角，分类地对产业结构和金融结构中的不同组成进行分析，能够帮助我们进一步地理解金融资本的运动规律。

第三，金融部门相对收益率与收入不平等。本研究在分析金融部门相对收益率的影响时，更多的是从金融体系的效率和功能角度入手的，但是，收入不平等问题也十分重要。金融部门资本收益率高于非金融企业资本收益率，会造成金融资本拥有者与传统的产业资本拥有者之间的贫富差距进一步加大。Deaton（2013）和 Piketty（2014）对此都有一定的分析。金融部门资本收益率大于非金融企业资本收益率，且远大于家庭的资本收益率，会导致金融从业人员即资本占有者、产业资本占有者和劳动者之间的收入差距进一步扩大，这也是值得进一步研究的问题。

附　录

关于商业银行外生收益上升降低最优风险的数学证明

第六章考察商业银行盈利性上升对异质性抵押约束的影响时，利用了如下定理：商业银行的盈利性外生上升，将引起最优风险承担水平下降。也就是说，商业银行的盈利性上升时，商业银行的风险态度趋于保守。现证明如下：

设商业银行目标是收益率 r 和风险 σ 的函数为

$$U = U(\sigma, r) \tag{8.1}$$

记 U_σ 和 U_r 分别为 U 对风险 σ 的偏导数。则商业银行的战略目标应同时满

足 $U_\sigma < 0$ 和 $U_r > 0$，即承担的风险越低、获得的收益率越高时，商业银行的"效用"越高。对于特定的战略目标水平 $\overline{U} = U(\sigma, r)$，战略目标函数的微分形式满足：

$$U_\sigma \Delta\sigma + U_r \Delta r = 0 \tag{8.2}$$

根据对现实的理解，商业银行"边际效用替代率"随 σ 和 r 都是递增的。例如，对于同一条目标函数线上的两个点 $A(\sigma_1, r_1)$ 和 $B(\sigma_2, r_2)$，且 $\sigma_1 < \sigma_2$。若在 A 点时，当商业银行承担的风险增加 $\Delta\sigma$，收益率增加 Δr 时，战略目标函数值恰好不变，也即满足了等式（8.2）；那么，在 B 点时，当风险增加 $\Delta\sigma$，收益率必须增加 $\Delta r' > \Delta r$ 才能使战略目标函数值不变。因此，式（8.2）中的 $\Delta\sigma$ 和 Δr 满足如下条件：

$$\frac{\partial(\Delta r / \Delta\sigma)}{\partial\sigma} > 0, \frac{\partial(\Delta r / \Delta\sigma)}{\partial r} > 0 \tag{8.3}$$

即

$$-\frac{\partial(U_\sigma / U_r)}{\partial\sigma} > 0, \ -\frac{\partial(U_\sigma / U_r)}{\partial r} > 0 \tag{8.4}$$

由于高风险带来高收益，假设商业银行面临的收益率函数满足线性形式，与盈利性溢价因子、所承担风险有如下关系：

$$r = \beta\sigma + \zeta \tag{8.5}$$

其中，$\beta > 0$。这里假设银行面对的收益率函数不随外生盈利性溢价因子的变化而变化，内生变量只有风险承担程度 σ 和收益率 r。建立拉格朗日优化方程，优化求解可得

$$-U_\sigma / U_r \big|_{\substack{\sigma=\sigma^* \\ r=r^*}} = \beta \tag{8.6}$$

$$r^* = \beta\sigma^* + \zeta \tag{8.7}$$

对商业银行盈利溢价因子 ζ 求导，并联立求解可得

$$\frac{\partial\sigma^*}{\partial\zeta} = -\frac{\beta U_{rr} + U_{\sigma r}}{\beta(\beta U_{rr} + U_{\sigma r}) + \beta U_{\sigma r} + U_{\sigma\sigma}}\bigg|_{\substack{\sigma=\sigma^* \\ r=r^*}} \tag{8.8}$$

根据式（8.4）有

$$\begin{aligned} U_{\sigma\sigma} U_r - U_{rr} U_\sigma &< 0 \\ U_{\sigma r} U_r - U_{rr} U_\sigma &< 0 \end{aligned} \tag{8.9}$$

把式（8.9）代入式（8.7）可得

$$\begin{aligned} \beta U_{\sigma r} + U_{\sigma\sigma} \big|_{\substack{\sigma=\sigma^* \\ r=r^*}} &< 0 \\ U_{r\sigma} + \beta U_{rr} \big|_{\substack{\sigma=\sigma^* \\ r=r^*}} &< 0 \end{aligned} \tag{8.10}$$

结合式（9.8）和式（9.10），有

$$\partial \sigma^* / \partial \zeta < 0 \qquad\qquad (8.11)$$

因此，当商业银行外生的盈利性因子上升时，商业银行最优的风险承受程度将下降。得证。

参 考 文 献

[1] 白重恩，张琼．中国的资本回报率及其影响因素分析［J］．世界经济，2014 (10): 3 – 30.

[2] 柏拉图．理想国［M］．北京：商务印书馆，1986.

[3] 蔡明荣，任世驰．企业金融化：一项研究综述［J］．财经科学，2014 (7): 41 – 51.

[4] 蔡万焕．现代"金融资本"概念辨析［J］．教学与研究，2011 (4): 42 – 48.

[5] CCER 中国经济观察研究组，卢锋．我国资本回报率估测（1978—2006）——新一轮投资增长和经济景气微观基础［J］．经济学（季刊），2007 (3): 723 – 758.

[6] 陈享光．金融化与现代金融资本的积累［J］．当代经济研究，2016 (1): 5 – 15 + 79.

[7] 陈雨露．促进金融和实体经济的有效结合［J］．金融博览，2015 (5): 30 – 31.

[8] 程茂勇，赵红．我国商业银行利差影响因素研究［J］．数量经济技术经济研究，2010 (5): 73 – 87.

[9] 邓超，代军勋．银行存贷款利差分析［J］．金融研究，2008 (3): 70 – 78.

[10] 方文全．中国的资本回报率有多高？——年份资本视角的宏观数据再估测［J］．经济学（季刊），2012 (2).

[11] 韩鑫韬．产业空心化的新特征及应对［J］．中国金融，2012 (20): 32 – 33.

[12] 胡海峰，倪淑慧．金融发展过度：最新研究进展评述及对中国的启示［J］．经济学动态，2013 (11): 88 – 96.

[13] 胡立法．虚拟资本与美国金融危机：一个马克思主义经济学的视野［J］．马克思主义与现实，2011 (2): 80 – 84.

[14] 康文峰．金融资本与实体经济："脱实向虚"引发的思考［J］．当代经济管理，2013 (1): 84 – 88.

[15] 李秉濬．论银行利润和平均利润率的关系——读《资本论》第三卷札记［J］．厦门大学学报（哲学社会科学版），1985 (4).

[16] 李波，伍戈．影子银行的信用创造功能及其对货币政策的挑战［J］．金融研究．2011 (12): 77 – 84.

[17] 李健．结构变化："中国货币之谜"的一种新解［J］．金融研究，2007 (1): 41 – 52.

[18] 李健．中国货币运行的变化及其影响分析［J］．财贸经济，2007 (1): 47 – 53.

［19］李健．"去杠杆"重在增加产业资本投入［N］．中国社会科学报，2016（887）。

［20］李健，邓瑛．推动房价上涨的货币因素研究——基于美国、日本、中国泡沫积聚时期的实证比较分析［J］．金融研究，2011（6）：18－32.

［21］李健，范祚军．经济结构调整与金融结构互动：粤鄂桂三省（区）例证［J］．改革，2012（6）：42－54.

［22］李健，范祚军，谢巧燕．差异性金融结构"互嵌"式"耦合"效应——基于泛北部湾区域金融合作的实证［J］．经济研究，2012（12）：69－82.

［23］李健，贾玉革．金融结构的评价标准与分析指标研究［J］．金融研究，2005（4）：57－67.

［24］李健，吴腾华．金融市场结构优化的评价标准与指标体系［J］．中央财经大学学报，2009（8）：20－23.

［25］李建军，田光宁．影子银行体系监管改革的顶层设计问题探析［J］．宏观经济研究，2011（8）：24－28.

［26］李敏．社会主义市场经济下的金融资本［J］．学术月刊，1996（9）：41－43.

［27］李扬，张晓晶．"新常态"：经济发展的逻辑与前景［J］．经济研究，2015（5）：4－19.

［28］林毅夫，孙希芳．信息、非正规金融与中小企业融资［J］．经济研究，2005（7）：35－44.

［29］刘超，马玉洁．影子银行系统对我国金融发展、金融稳定的影响——基于2002—2012年月度数据的分析［J］．经济学家．，2014（4）：72－80.

［30］刘珺，盛宏清，马岩．企业部门参与影子银行业务机制及社会福利损失模型分析［J］．金融研究，2014（5）：96－109.

［31］刘澜飚，宫跃欣．影子银行问题研究评述［J］．经济学动态，2012（2）：128－133.

［32］陆岷峰，张惠．金融产业资本与实体经济利润合理分配研究［J］．经济学动态，2012（6）：53－57.

［33］马克思恩格斯选集［M］．第二卷，北京：人民出版社，2012.

［34］毛泽盛，万亚兰．中国影子银行与银行体系稳定性阈值效应研究［J］．国际金融研究，2012（11）：65－73.

［35］穆勒．政治经济学原理［M］．北京：商务印书馆，1991.

［36］彭俞超，顾雷雷．论利率市场化与金融体系完善［J］．山东社会科学，2015（2）：140－145.

［37］彭俞超，张雷声．正确认识和处理政府与市场关系的创新与发展［J］．山东社会科学，2014（1）：10－14.

［38］彭俞超．金融功能观视角下的金融结构与经济增长——来自1989—2011年的国际经验［J］．金融研究，2015（1）：32－49.

[39] 裘翔，周强龙．影子银行与货币政策传导［J］．经济研究，2014（5）：91－105.

[40] 沈悦，谢坤锋．影子银行发展与中国的经济增长［J］．金融论坛，2013（3）：9－14.

[41] 盛松成，童士清．商业银行存贷利差：扩大还是缩小？［J］．金融研究，2007（11）：13－19.

[42] 斯威齐．资本主义发展论［J］．中译本．北京：商务印书馆，1997.

[43] 宋军．对现阶段我国银行利润率的认识与思考［J］．探索，2014，（6）．

[44] 孙文凯，肖耿，杨秀科．资本回报率对投资率的影响：中美日对比研究［J］．世界经济，2010（6）：3－24.

[45] 王定祥，冉光和，李伶俐．金融资本形成与经济增长［J］．经济研究，2009（9）：39－51.

[46] 王广谦，应展宇，江世银．中国金融改革：历史经验与转型模式［M］．北京：中国金融出版社，2008.

[47] 王广谦．关于加强金融机构机构整体性研究的思考［J］．金融研究，2003（8）：45－52.

[48] 王广谦．关注金融质量　抑制过度虚拟化［N］．中华工商时报，2001（5）．

[49] 王广谦．经济发展中金融的贡献与效率［M］．北京：中国人民大学出版社，1997.

[50] 王广谦．为民间资本进金融业创造条件［N］．金融时报，2014（8）．

[51] 王广谦．我国金融体制演进与改革的逻辑起点［J］．改革，2008（2）：58－66.

[52] 王广谦．现代经济发展中的金融因素及金融贡献度［J］．经济研究，1996（5）：58－64.

[53] 王广谦．经济发展中的金融化趋势［J］．经济研究，1996（9）：32－37.

[54] 王佩真．中国经济发展中的资本问题研究［M］．北京：中国人民大学出版社，2007.

[55] 王庆丰．金融资本批判——马克思资本理论的当代效应及其逻辑理路［J］．吉林大学社会科学学报，2013（5）：84－91.

[56] 王永立．美国金融部门利润率变化与金融危机关系——基于金融结构变迁视角［J］．经济问题，2013（4）：94－97.

[57] 王振，曾辉．影子银行对货币政策影响的理论与实证分析［J］．国际金融研究，2014（12）：58－67.

[58] 吴大琨．金融资本论［M］．北京：人民出版社，1993.

[59] 吴晓波．历代经济变革得失［M］．杭州：浙江大学出版社，2013.

[60] 希法亭．金融资本——资本主义最新发展的研究［M］．北京：商务印书馆，1994.

［61］向松祚. 金融资本主义和贫富分化 ［J］. 博鳌观察，2014 （4）：46 – 48.

［62］肖斌，王雪芩，唐婧鑫. 金融部门利润与平均利润——基于资本功能维度的分析 ［J］. 财经科学，2013 （4）：29 – 37.

［63］杨长江. 略论当代金融资本 ［J］. 政治经济学评论，2015 （5）：127 – 151.

［64］杨德才. 中国经济史新论 ［M］. 北京：经济科学出版社，2004.

［65］詹向阳. 谨防产业空心化潜在威胁转化为现实风险 ［J］. 中国金融，2012 （20）：25 – 27.

［66］张勋，徐建国. 中国资本回报率的再测算 ［J］. 世界经济，2014 （8）.

［67］张宇、蔡万焕. 马克思主义金融资本理论及其在当代的发展 ［J］. 马克思主义与现实，2010 （6）：101 – 106.

［68］赵旭. 银行利差多维度量及影响因素：基于中国银行业 1998—2006 年经验证据 ［J］. 金融研究，2009 （1）：66 – 80.

［69］中国人民银行杠杆率研究课题组. 中国经济杠杆率水平评估及潜在风险研究 ［J］. 金融监管研究，2014 （5）：23 – 38.

［70］Adrian Tobias, Hyun Song Shin. Procyclical Leverage and Value – at – Risk ［J］. Review of Financial Studies, 2014, 27 （2）：373 – 403.

［71］Akerlof G A. The market for "lemons"：Quality uncertainty and the market mechanism ［J］. The Quarterly Journal of Economics, 1970：488 – 500.

［72］Aksoy Y, Basso H S. Liquidity, term spreads and monetary policy ［J］. The Economic Journal, 2014, 124 （581）：1234 – 1278.

［73］Al Khulaifi A, Al Sulaiti K, Al Khatib F. Banking Performance and Economic Growth in Qatar：An Empirical Investigation ［J］. Journal of Administrative Sciences and Economics. 1999, 10：5 – 27.

［74］Allen F, Gale D. Comparative financial systems：a survey ［R］. Wharton School Center for Financial Institutions, University of Pennsylvania, 2001.

［75］Andries A M. The determinants of bank efficiency and productivity growth in the Central and Eastern European banking systems ［J］. Eastern European Economics, 2011, 49 （6）：38 – 59.

［76］Arcand J L, Berkes E, Panizza U. Too Much Finance? ［J］. Journal of Economic Growth, 2015, 20 （2）：105 – 148.

［77］Arellano M, Bond S. Some tests of specification for panel data：Monte Carlo evidence and an application to employment equations ［J］. The Review of Economic Studies, 1991, 58 （2）：277 – 297.

［78］Ayyagari M, Demirguc – KuntA, Maksimovic V. What Determines Entrepreneurial Outcomes in Emerging Markets? ［J］. 2015.

［79］Bagehot W. Lombard Street：A description of the money market ［M］. Kegan, Paul &

Trench, 1888.

[80] Bain J S. Barriers to New Competition: Their Character and Consequences in Manu/acturing Industries [M]. Cambridge (Mass.), 1956.

[81] Bain J S. Relation of profit rate to industry concentration: American manufacturing, 1936 – 1940 [J]. The Quarterly Journal of Economics, 1951: 293 – 324.

[82] Barney J B, Arikan A M. The resource – based view: Origins and implications [J]. Handbook of Strategic Management, 2001: 124 – 188.

[83] Barney J B, Hesterly W S. Strategic management and competitive advantage [J]. The Ohio State University, The University of Utah, 2006.

[84] Barney J B. Strategic factor markets: Expectations, luck, and business strategy [J]. Management Science, 1986, 32 (10): 1231 – 1241.

[85] Baron R M, Kenny D A. The moderator—mediator variable distinction in social psychological research: Conceptual, strategic, and statistical considerations [J]. Journal of PerSonality and social Psychology, 1986, 51 (6): 1173.

[86] Barro R J, Lee J W. A new data set of educational attainment in the world, 1950 – 2010 [J]. Journal of Development Economics, 2013 (104): 184 – 198.

[87] Battese G E, Coelli T J. A model for technical inefficiency effects in a stochastic frontier production function for panel data [J]. Empirical Economics. 1995, 20 (2): 325 – 332.

[88] Battese G E, Coelli T J. A stochastic frontier production function incorporating a model for technical inefficiency effects [M]. Department of Econometrics, University of New England Armidale, 1993.

[89] Bebchuk L A. A rent – protection theory of corporate ownership and control [R]. National Bureau of Economic Research, 1999.

[90] Beck T, Demirguc – Kunt A, Martinez Peria M S. Bank financing for SMEs around the world: Drivers, obstacles, business models, and lending practices [J]. World Bank Policy Research Working Paper Series, Vol. 2008.

[91] Beck T, Demirguc – Kunt A, Singer D. Is small beautiful? Financial structure, size and access to finance [J]. World Developmen, 2013 (52): 19 – 33.

[92] Beck T, Demirguc – Kunt A, Levine R. Law, endowments, and finance [J]. Journal of Financial Economics, 2003, 70 (2): 137 – 181.

[93] Beck T, Demirguc – Kunt A. Small and medium – size enterprises: Access to finance as a growth constraint [J]. Journal of Banking & Finance, 2006, 30 (11): 2931 – 2943.

[94] Beck T, Levine R. Stock markets, banks, and growth: Panel evidence [J]. Journal of Banking & Finance, 2004, 28 (3): 423 – 442.

[95] Bencivenga V R, Smith B D. Economic development and financial depth in a model with costly financial intermediation [J]. Research in Economics, 1998, 52 (4): 363 – 386.

[96] Bencivenga V R, Smith B D. Financial intermediation and endogenous growth [J]. The Review of Economic Studies, 1991, 58 (2): 195 – 209.

[97] Benston G J, Smith C W. A transactions cost approach to the theory of Financial intermediation [J]. Journal of finance, 1976: 215 – 231.

[98] Berger A N, Demirguc – Kunt A, Levine R, et al. Bank concentration and competition: An evolution in the making [J]. Journal of Money, Credit and Banking, 2004: 433 – 451.

[99] Berger A N. The profit – structure relationship in banking—tests of market – power and efficient – structure hypotheses [J]. Journal of Money, Credit and Banking, 1995: 404 – 431.

[100] Bernanke B S, Gertler M, Gilchrist S. The financial accelerator in a quantitative business cycle framework [J]. Handbook of Macroeconomics, 1999, 1: 1341 – 1393.

[101] Besanko D, Thakor A V. Collateral and rationing: sorting equilibria in monopolistic and competitive credit markets [J]. International Economic Review, 1987: 671 – 689.

[102] Blundell R, Bond S. Initial conditions and moment restrictions in dynamic panel data models [J]. Journal of Econometrics, 1998, 87 (1): 115 – 143.

[103] Branch S B, Rivard P. Growth or Profitability First? The Case of Small and Medium – Sized Enterprises in Canada [J]. 2014.

[104] Bolton Patrick, Tano Santos, Scheinkman J A. Cream Skimming in Financial Markets [J]. Nber Working Papers, 2011.

[105] Brealey R, Leland H E, Pyle D H. Informational asymmetries, financial structure, and financial intermediation [J]. The Journal of Finance, 1977, 32 (2): 371 – 387.

[106] Calvo G A. Staggered prices in a utility – maximizing framework [J]. Journal of Monetary Economics, 1983, 12 (3): 383 – 398.

[107] Cecchetti S, Kharroubi E. Reassessing the impact of finance on growth [R]. Bank for International Settlements, 2012.

[108] Chang C, Chen K, Waggoner D F, et al. Trends and Cycles in China's Macroeconomy [R]. National Bureau of Economic Research, 2015.

[109] Cheremukhin A, Golosov M, Guriev S, et al. The Economy of People's Republic of China from 1953 [R]. National Bureau of Economic Research, 2015.

[110] Chortareas G E, Girardone C, Ventouri A. Bank Supervision, Regulation, and Efficiency: Evidence from the European Union [J]. Journal of Financial Stability, 2010, 8 (4): 292 – 302.

[111] Christiano L J, Eichenbaum M, Evans C L. Nominal rigidities and the dynamic effects of a shock to monetary policy [J]. Journal of Political Economy, 2005, 113 (1): 1 – 45.

[112] Cihak M, Demirguc – Kunt A I, Feyen E, et al. Benchmarking financial development around the world [J]. World Bank Policy Research Working Paper, 2012, 6175: 1 – 58.

[113] Clague C K. Institutions and economic development: Growth and governance in less –

developed and post – socialist countries ［M］. Johns Hopkins University Press Baltimore, MD, 1997.

［114］Clarida R, Gali J, Gertler M. The science of monetary policy: a new Keynesian perspective ［R］. National Bureau of Economic Research, 1999.

［115］Clarkson K W, Miller R L. Industrial organization: theory, evidence, and public policy ［M］. McGraw – Hill New York, 1982.

［116］David H. The limits to capital ［M］. Oxford: Blackwell, 1982.

［117］Day G S. Closing the marketing capabilities gap ［J］. Journal of Marketing, 2011, 75 (4): 183 – 195.

［118］De Gregorio J, Guidotti P E. Financial development and economic growth ［J］. World development, 1995, 23 (3): 433 – 448.

［119］Deaton A. The great escape: health, wealth, and the origins of inequality ［M］. Princeton University Press, 2013.

［120］Demirguc – Kunt A, Huizinga H. Financial Structure and Bank Profitability ［R］. World Bank Policy Research Working Paper, 2000: 2430.

［121］Demsetz H. Industry structure, market rivalry, and public policy ［J］. Journal of Law and Economics, 1973: 1 – 9.

［122］Diamond D W. Financial intermediation and delegated monitoring ［J］. The Review of Economic Studies, 1984, 51 (3): 393 – 414.

［123］Dib A. Credit and Interbank Bank Markets in a New Keynesian Model ［R］. unpublished paper, Bank of Canada, 2009.

［124］Duenwald C K, Gueorguiev N, Schaechter A. Too Much of a Good Thing? Credit Booms in Transition Economies: The Cases of Bulgaria, Romania, and Ukraine ［R］. IMF Staff Papers, 2005.

［125］Dutta J, Kapur S. Liquidity preference and financial intermediation ［J］. The Review of Economic Studies, 1998, 65 (3): 551 – 572.

［126］Easterly W, Islam R, Stiglitz J E. Shaken and stirred: explaining growth volatility ［Z］. 2011, 211.

［127］Eggertsson T. Economic behavior and institutions: Principles of Neoinstitutional Economics ［M］. Cambridge University Press, 1990.

［128］Eisenhardt K M, Martin J A. Dynamic capabilities: what are they? ［J］. Strategic Management Journal, 2000, 21 (10 – 11): 1105 – 1121.

［129］Epstein G A. Financialization and the world economy ［M］. Edward Elgar Publishing, 2005.

［130］Ferreira C A N. Bank performance and economic growth: evidence from Granger panel causality estimations ［R］. ISEG – School of Economics and Management, Department of

Economics, University of Lisbon, 2013.

[131] Frankel J A, Rose A K. The endogenity of the optimum currency area criteria [J]. The Economic Journal, 1998, 108 (449): 1009 – 1025.

[132] Fraser D R, Phillips W, Rose P S. A canonical analysis of bank performance [J]. Journal of Financial and Quantitative Analysis, 1974, 9 (2): 287 – 295.

[133] Fraser D R, Rose P S. More on Baking Structure and Performance: The Evidence from Texas [J]. Journal of Financial and Quantitative Analysis, 1971, 6 (1): 601 – 611.

[134] Freixas X, Rochet J. Microeconomics of banking [M]. MIT press Cambridge, MA, 1997.

[135] Fry M J. Money and capital or financial deepening in economic development? [J]. Journal of Money, Credit and Banking, 1978: 464 – 475.

[136] Galbis V. Financial intermediation and economic growth in less – developed countries: A theoretical approach [J]. The Journal of Development Studies, 1977, 13 (2): 58 – 72.

[137] Gale B T. Market share and rate of return [J]. The Review of Economics and Statistics, 1972: 412 – 423.

[138] Gerali A, Neri S, Sessa L, et ai. Credit and Banking in a DSGE Model of the Euro Area [J]. Journal of Money, Credit and Banking, 2010, 42 (s1): 107 – 141.

[139] Geroski P A, Machin S J, Walters C F. Corporate growth and profitability [J]. The Journal of Industrial Economics, 1997, 45 (2): 171 – 189.

[140] Gerschenkron A. Economic backwardness in historical perspective. [J]. Economic Backwardness in Historical Perspective, 1962.

[141] Gilbert R A. Bank market structure and competition: a survey [J]. Journal of Money, Credit and Banking, 1984: 617 – 645.

[142] Glaeser E L, La Porta R, Lopez – De – Silanes F, et al. Do institutions cause growth? [J]. Journal of Economic Growth, 2004, 9 (3): 271 – 303.

[143] Goddard J, Tavakoli M, Wilson J O S. Sources of variation in firm profitability and growth [J]. Journal of Business Research, 2009, 62 (4): 495 – 508.

[144] Goldsmith R. Financial structure and economic development [J]. New Haven: Yale University Pres, 1969.

[145] Greenwood J, Smith B D. Financial markets in development, and the development of financial markets [J]. Journal of Economic Dynamics and Control, 1997, 21 (1): 145 – 181.

[146] Gurley J G, Shaw E S. Financial structure and economic development [J]. Economic Development and Cultural Change, 1967: 257 – 268.

[147] Hall M, Weiss L. Firm size and profitability [J]. The Review of Economics and Statistics, 1967: 319 – 331.

[148] Hasan I, Koetter M, Wedow M. Regional growth and finance in Europe: Is there a quality

effect of bank efficiency? [J] . Journal of Banking \ & Finance, 2009, 33 (8): 1446 – 1453.

[149] Hawawini G, Subramanian V, Verdin P. The home country in the age of globalization: how much does it matter for firm performance? [J] . Journal of World Business, 2004, 39 (2): 121 – 135.

[150] Hellmann T F, Murdock K C, Stiglitz J E. Liberalization, moral hazard in banking, and prudential regulation: Are capital requirements enough? [J] . American Economic Review, 2000: 147 – 165.

[151] Hester D D, Zoellner J F. The relation between bank portfolios and earnings: An econometric analysis [J] . The Review of Economics and Statistics, 1966: 372 -- 386.

[152] Hicks J R. A theory of economic history [J] . OUP Catalogue, 1969.

[153] Hsieh C, Song Z M. Grasp the Large, Let Go of the Small: The Transformation of the State Sector in China [R] . National Bureau of Economic Research, 2015.

[154] Hulland J, Wade M R, Antia K D. The impact of capabilities and prior investments on online channel commitment and performance [J] . Journal of Management Information Systems, 2007, 23 (4): 109 – 142.

[155] Hurdle G J. Leverage, risk, market structure and profitability [J] . The Review of Economics and Statistics, 1974: 478 – 485.

[156] Iacoviello M. Financial business cycles [J] . Review of Economic Dynamics, 2015, 18 (1): 140 – 163.

[157] Jensen M C. Agency cost of free cash flow, corporate finance, and takeovers [J] . Corporate Finance, and Takeovers, American Economic Review, 1986, 76 (2) .

[158] Jeon Y, Miller S M. Bank concentration and performance [R] . Economics Working Papers, 2002: 200225.

[159] Jondrow J, Knox C A, Materov I S, et al. On the Estimation of Technical Inefficiency in the Stochastic Frontier Production Function Model [Z] . 1982: 233 – 238.

[160] Kale P, Dyer J H, Singh H. Alliance capability, stock market response, and long – term alliance success: The role of the alliance function [J] . 2002.

[161] Kapur B K. Alternative stabilization policies for less – developed economies [J] . The Journal of Political Economy, 1976: 777 – 795.

[162] Kiyotaki N, Moore J. Credit chains [J] . Journal of Political Economy, 1997, 105 (21): 211 – 248.

[163] Klapper L, Laeven L, Rajan R. Entry regulation as a barrier to entrepreneurship [J] . Journal of Financial Economics, 2006, 82 (3): 591 – 629.

[164] Klein M A. A Theory of the Banking Firm [J] . Journal of Money Credit & Banking, 1971.

[165] Krippner G R. The financialization of the American economy [J] . Socio – Economic

Review, 2005, 3 (2): 173 – 208.

[166] Kydland F, Prescott E. Time to build and aggregate uctuations [J].
Econometrica, 1982.

[167] La Porta R, Lopez – De – Silanes F, Shleifer A, et al. Investor protection and
corporate valuation [J]. The Journal of Finance, 2002, 57 (3): 1147 – 1170.

[168] Lapavitsas C. Financialised capitalism: Crisis and financial expropriation [J].
Historical Materialism, 2009, 17 (2): 114 – 148.

[169] Leischnig A, Geigenmueller A, Lohmann S. On the role of alliance management
capability, organizational compatibility, and interaction quality in interorganizational technology
transfer [J]. Journal of Business Research, 2014, 67 (6): 1049 – 1057.

[170] Lemmon M L, Lins K V. Ownership structure, corporate governance, and firm value:
Evidence from the East Asian financial crisis [J]. The Journal of Finance, 2003, 58 (4):
1445 – 1468.

[171] Levine R. Bank – based or market – based financial systems: which is better? [J].
Journal of Financial Intermediation, 2002, 11 (4): 398 – 428.

[172] Levine R. Finance and growth: theory and evidence [J]. Handbook of economic
growth, 2005 (1): 865 – 934.

[173] Levine R. Financial development and Economic growth: views and agenda [J].
Journal of Economic Literature, 1997: 688 – 726.

[174] Levine R. Stock Markets, Growth, andn Tax Policy [J]. Journal of Finance, 1991,
46 (4): 1428 – 1445.

[175] Li J, Hsu S, Qin Y. Shadow banking in China: Institutional risks [J]. China
Economic Review, 2014 (31): 119 – 129.

[176] Lin J Y. New structural economics: A framework for rethinking development and policy
[M]. World Bank Publications, 2012.

[177] Lind D A, Marchal W G, Wathen S A. Statistical Techniques in Business &
Economics with Global Data Sets [M]. McGraw – Hill Irwin, 2007.

[178] Lucas R E. On the mechanics of economic development [J]. Journal of Monetary
Economics, 1988, 22 (1): 3 – 42.

[179] Luo Y, Zhu F. Financialization of the Economy and Income Inequality in China [J].
Economic and Political Studies, 2014 (2): 3.

[180] Manlagnit M C V. Basel regulations and banks' efficiency: The case of the Philippines
[J]. Journal of Asian Economics, 2015 (39): 72 – 85.

[181] Mason E S. Current Status of the Monopoly Problem in the United States [J]. Harv.
L. Rev, 1948 (62): 1265.

[182] Mathieson D J. Financial reform and stabilization policy in a developing economy

［J］. Journal of Development Economics, 1980, 7 (3): 359 –395.

［183］Mckinnon R I. Money and capital in economic development ［M］. Brookings Institution Press, 1973.

［184］Merton R C, Bodie Z. A conceptual framework for analyzing the financial system ［J］. The Global Financial System: A Functional Perspective, 1995: 3 –31.

［185］Merton R C, Bodie Z. The design of financial systems: towards a synthesis of function and structure ［R］. National Bureau of Economic Research, 2004.

［186］Miller D, Shamsie J. The resource – based view of the firm in two environments: The Hollywood film studios from 1936 to 1965 ［J］. Academy of Management Journal, 1996, 39 (3): 519 –543.

［187］Mirzaei A, Moore T. Banking performance and industry growth in an oil – rich economy: Evidence from Qatar ［J］. The Quarterly Review of Economics and Finance, 2015.

［188］Mitton T. A cross – firm analysis of the impact of corporate governance on the East Asian financial crisis ［J］. Journal of Financial Economics, 2002, 64 (2): 215 –241.

［189］Monti M. Deposit, credit, and interest rate determination under alternative bank objectives ［J］. Mathematical Methods in Investment and Finance, 1972: 431 –454.

［190］Nakata C, Zhu Z, Izberk – Bilgin E. Integrating marketing and information services functions: a complementarity and competence perspective ［J］. Journal of the Academy of Marketing Science, 2011, 39 (5): 700 –716.

［191］Newbert S L. Empirical research on the resource – based view of the firm: an assessment and suggestions for future research ［J］. Strategic Management Journal, 2007, 28 (2): 121 –146.

［192］Nier E. The profitability of banks: a cross – country study with a particular focus on UK banks ［J］. 2000.

［193］Niggle C J. Financial innovation and the distinction between financial and industrial capital ［J］. Journal of Economic Issues, 1986: 375 –382.

［194］North D C. Institutions, institutional change and economic performance ［M］. Cambridge University Press, 1990.

［195］Pasiouras F, Tanna S, Zopounidis C. The impact of banking regulations on banks' cost and profit efficiency: Cross – country evidence ［J］. International Review of Financial Analysis, 2009, 18 (5): 294 –302.

［196］Peng Y, Yan L. The Impact of Discriminatory Credit Constraints on Macroeconomy: An Estimated Banking DSGE Model with Endogenous Loan – to – Value Ratios ［J］. Available at SSRN 2573184, 2015.

［197］Perez C. Technological revolutions and financial capital: The dynamics of bubbles and golden ages ［M］. Edward Elgar Publishing, 2002.

[198] Philippon T. Has the US Finance Industry Become Less Efficient? On the Theory and Measurement of Financial Intermediation [J] . American Economic Review, 2015, 105 (4): 1408 – 1438.

[199] Piketty T. Capital in the 21st Century [M] . Cambridge: Harvard Uni, 2014.

[200] Porta R L, Lopez – De – Silane F, Shleifer A, et al. Law and finance [R] . National Bureau of Economic Research, 1996.

[201] Porter M E. Competitive strategy: Techniques for analyzing industries and competition [J] . New York, 1980: 300.

[202] Porter M. The Competitive Advantage of Nations [Z] . New York: Free Press, Porter, M. (1991), "America's Green Strategy", Scientific American, April. Porter, M. and C. van der Linde (1995), Toward a New Conception of the, 1990.

[203] Rajan R G. Insiders and outsiders: The choice between informed and arm's – length debt [J] . The Journal of Finance, 1992, 47 (4): 1367 – 1400.

[204] Ramezani C A, Soenen L, Jung A. Growth, corporate profitability, and value creation [J] . Financial Analysts Journal, 2002, 58 (6): 56 – 67.

[205] Ravenscraft D J. Structure – profit relationship at the line of business and industry level [J] . The Review of Economics and Statistics, 1983: 22 – 31.

[206] Rioja F, Valev N. Finance and the sources of growth at various stages of economic development [J] . Economic Inquiry, 2004, 42 (1): 127 – 140.

[207] Robinson J. The generalisation of the general theory [J] . The Rate of Interest and other Essays, 1952, 2: 1 – 76.

[208] Robison L J, Schmid A A, Siles M E. Is social capital really capital? [J] . Review of Social Economy, 2002, 60 (1): 1 – 21.

[209] Rousseau P L, Wachtel P. What is happening to the impact of financial deepening on economic growth? [J] . Economic Inquiry, 2011, 49 (1): 276 – 288.

[210] Schmalensee R. Do markets differ much? [J] . The American Economic Review, 1985: 341 – 351.

[211] Schumpeter J A. Business cycles [M] . Cambridge Univ Press, 1939.

[212] Shaw E S. Financial deepening in economic development [M] . Oxford University Press New York, 1973.

[213] Shiller R J. Finance and the good society [M] . Princeton University Press, 2013.

[214] Shleifer A, Vishny R W. A survey of corporate governance [J] . The Journal of Finance, 1997, 52 (2): 737 – 783.

[215] Smets F, Wouters R. An estimated dynamic stochastic general equilibrium model of the euro area [J] . Journal of the European Economic Association, 2003, 1 (5): 1123 – 1175.

[216] Smets F, Wouters R. Shocks and frictions in US business cycles: A Bayesian DSGE

approach [J]. National Bank of Belgium Working Paper, 2007 (109).

[217] Smirlock M. Evidence on the (non) relationship between concentration and profitability in banking [J]. Journal of Money, Credit and Banking, 1985: 69 – 83.

[218] Smith A. An inquiry into the wealth of nations [J]. Strahan and Cadell, London, 1776.

[219] Song Z, Storesletten K, Zilibotti F. Growing like China [J]. The American Economic Review, 2011, 101 (1): 196 – 233.

[220] Stiglitz J E, Weiss A. Credit rationing in markets with imperfect information [J]. The American Economic Review, 1981: 393 – 410.

[221] Stiglitz J E. Credit markets and the control of capital [J]. Journal of Money, Credit and Banking, 1985: 133 – 152.

[222] Stulz R E M. Managerial discretion and optimal financing policies [J]. Journal of Financial Economics. 1990, 26 (1): 3 – 27.

[223] Stulz R E. Does financial structure matter for economic growth? A corporate finance perspective [J]. Financial Structure and Economic Growth: A Cross – Country Comparison of Banks, Markets, and Development, 2001: 143 – 188.

[224] Tan Y, Floros C. Bank profitability and inflation: the case of China [J]. Journal of Economic Studies, 2012, 39 (6): 675 – 696.

[225] Teece D J, Pisano G, Shuen A, et al. Dynamic capabilities and strategic management [J]. Strategic Management Journal, 1997, 18 (7): 509 – 533.

[226] Terziovski M E. Building innovation capability in organizations: an international cross – case perspective [M]. Imperial College Press, 2007.

[227] Thakor A V. The design of financial systems: An overview [J]. Journal of Banking/& Finance, 1996, 20 (5): 917 – 948.

[228] Tregenna F. The fat years: the structure and profitability of the US banking sector in the pre – crisis period [J]. Cambridge Journal of Economics, 2009, 33 (4): 609 – 632.

[229] Wan W P, Hoskisson R E. Home country environments, corporate diversification strategies, and firm performance [J]. Academy of Management Journal, 2003, 46 (1): 27 – 45.

[230] Wernerfelt B. A resource – based view of the firm [J]. Strategic Management Journal. 1984, 5 (2): 171 – 180.

[231] Woodford M. Optimal interest – rate smoothing [J]. The Review of Economic Studies, 2003, 70 (4): 861 – 886.

[232] Zingales L. Presidential Address: Does Finance Benefit Society? [J]. The Journal of Finance, 2015, 70 (4): 1327 – 1363.

后 记

　　冬去春来，三个寒暑的努力终于换来了回报。提笔撰写致谢之时，百感交集，心情复杂又满怀感激。辞职读博，是我人生道路的一次重要转折，不亚于高考对我的影响。作出这样的决定是艰难的，但我义无反顾。也许正是因为我是从工作岗位返回校园的，心里明白自己没有退路，因而在学习上更加努力和拼搏。"有多少努力，就会有多少回报"，时至今日，我对这句话的理解更加深刻，今天能够顺利完成学业，是因为昨天多少个日日夜夜的奋斗。

　　当然，如果没有恩师的点拨，没有家人的支持，我的努力也会事倍功半。恩师王广谦教授谦和、平易，学术思想深邃，他的学术精神和修养对我的成长产生了重要的影响。虽然行政工作繁忙，恩师却能够经常指导我的学习和科研，为我付出了很多的精力，学生十分感动。恩师的谆谆教诲使我不断地朝着正确的道路前行，指引我一步一步地找到适合自己的人生轨迹。"质疑"是恩师教给我最珍贵的精神，只有不迷信经典，不盲从"大家"，不断质疑前人的观点，才能够迸发出新的见解、新的思想。我今后将怀着这种治学的精神继续潜心科研工作。师母李健教授慈爱、温婉，治学态度严谨，为学术科研、指导学生不辞辛劳，饱受腿患、眼疾之苦，学生们皆倍感羞愧。师母常教诲，在学术之路前行，不可左顾右盼，应专攻一隅，不求滥而不精的发表，但求持之以恒地深入研究，形成一家之言。此训对学生极为受用，我将时常铭记于心。再次感谢恩师及恩师母的教诲和关怀！

　　在我博士三年的学习中，还有一位老师对我提供了极大的帮助，他就是经济学院的李涛教授。李涛老师年轻有为，是我心目中的楷模。三年来，李涛老师经常为学生指导，并曾逐字逐句地为我修改论文，我对此的感激之心难以言表。

　　在此，还要感谢我在英国杜伦大学访问时曾指导我的张志超老师，我院张礼卿老师、李建军老师、应展宇老师、谭小芬老师、黄志刚老师、苟琴老师、鄢莉莉老师、方意老师和陶坤玉老师对我博士阶段学习科研的指导与帮助！最后，还要感谢同门和同窗们给予我的支持和关心！

2018 年 5 月 17 日于北京

金融博士论丛

书　　名	作　者	定价(元)
第二辑		
凯恩斯主义货币政策研究	陈银娥	16.00
跨国银行风险管理	宗　良	19.00
银行危机论	苏同华	24.50
关于货币本质及货币政策目标问题的讨论	王素珍	16.00
第三辑		
金融工程与风险管理	周　立	17.00
金融契约、资本结构与公司治理	潘　敏	23.00
现代信用风险量化度量和管理研究	李志辉	18.50
金融深化理论发展及其微观基础研究	杨咸月	25.50
第四辑		
现代合作金融制度研究	岳　志	28.00
住房抵押贷款证券化	宾　融	19.00
创业板证券市场研究	周民源	18.00
中国金融安全问题研究	陈松林	20.00
现代金融中介论	秦国楼	14.00
现代西方汇率决定理论研究	崔孟修	14.50
第五辑		
国际收支结构研究	杨柳勇	18.00
股票市场功能演进与经济结构调整研究	王兰军	18.00
金融业混业经营的发展途径研究	张　艳	20.00
存款保险制度研究	何光辉	27.00
要约收购的理论与实证研究	王苏生	25.00

利益集团与制度变迁　　　　　　　　　　　罗金生　　20.00
　　——渐进转轨中的中小商业银行
中央银行独立性与货币政策　　　　　　　　蔡志刚　　32.00
国际资本流动　　　　　　　　　　　　　　田宝良　　32.00
　　——分析、比较与监管
中国货币环境与货币运行分析　　　　　　　丁　欣　　28.00

第六辑
商业银行信贷风险与行业分析　　　　　　　赵庆森　　36.00
中国金融制度结构与制度创新　　　　　　　张　炜　　22.00
货币政策传导机制论　　　　　　　　　　　曾宪久　　30.00
非均衡信贷合约市场的微观基础　　　　　　周　明　　16.00
所有权配置与制度变迁的经济学分析　　　　熊政平　　25.00

第七辑
管理层收购　　　　　　　　　　王苏生　彭小毛　26.00
　　——杠杆收购及其在公司重组中的应用
投资与投机　　　　　　　　　　　　　　　宫玉松　　32.00
　　——机构投资者投资行为研究
银行并购问题研究　　　　　　　　　　　　曹　军　　28.00
中国资本市场配置效率研究　　　　　　　　徐　涛　　22.00
　　——一个制度经济学的分析

第八辑
商业银行信贷风险度量研究　　　　　　　　梁　琪　　20.00
中国货币政策有效性问题研究　　　　　　　崔建军　　18.00
人民币资本项目可兑换及国际化研究　　　　赵庆明　　25.00
金融功能的扩展与提升　　　　　　　　　　禹钟华　　20.00
　　——功能观视角下的金融发展
出口信用论　　　　　　　　　　　　　　　王术君　　18.00

第九辑
中国开放格局下金融竞争力研究　　　　　　蔡红艳　　24.00
金融摩擦条件下货币传导机制的微观基础研究　蒋　冠　　30.00
中国的国际收支结构　　　　　　　　　　　邹　欣　　26.00

全能银行与中国银行业未来　　　　　　　　　李　宽　　23.00
汇率制度的选择　　　　　　　　　　　　　　文　轩　　22.00

第十辑

经济转型与开放条件下的货币需求函数:基于中国　易行健　　22.00
　　的实证研究
中国储蓄向投资转化的结构与效率　　　　　　姚海明　　20.00
开放条件下的货币政策规则研究　　　　　　　王晓天　　22.00
个人信用评估研究　　　　　　　　　　　　　李曙光　　20.00
中国养老保障体系变迁中的企业年金制度研究　郭　琳　　29.00

第十一辑

资产价格波动与货币政策反应研究　　　　　　徐慧贤　　23.00
投资基金组织治理研究　　　　　　　　　　　周泉恭　　25.00
中国产业投资基金综合绩效及发展战略研究　　李素梅　　20.00
经济增长、经济自由与不良贷款　　　　　　　李宏瑾　　23.00
转型期金融制度区域化创新　　　　　　　　　李新彬　　24.00
股票市场脆弱性与金融稳定　　　　　　　　　刘　钏　　26.00

第十二辑

人民币国际化进程中的汇率变化研究　　　徐奇渊　刘力臻　27.00
金融业反洗钱监管有效性研究　　　　　　　　边维刚　　36.00
上市公司商标剥离决策研究　　　　　　　　　苏　静　　18.00
中国货币政策目标研究　　　　　　　　　　　马君实　　22.00
中国宏观经济波动背后的政府因素分析　　　　董　进　　25.00
商业银行操作风险管理新论　　　　　　　　　徐学锋　　30.00

第十三辑

非对称信息与保险交易行为研究　　　　　　　许　莉　　29.00
中国房地产信贷风险的度量与控制　　　　　　张　雯　　25.00
商业银行公司治理特殊性研究　　　　　　　　洪　正　　28.00
金融工程与商业银行资产负债管理研究　　　　周鸿卫　　18.00
商业银行信息披露的层次与边界　　　　　　　邱艾松　　23.00

中国金融风险形成中的非经济因素研究　　　韩启东　　26.00
中国金融结构变迁的动态性研究　　　　　　徐　静　　20.00

第十四辑
模型不确定性下的最优货币政策研究　　　　蔡洋萍　　35.00
人民币实际汇率的决定、演变与失调研究　　傅章彦　　20.00
体制变迁下的中国货币需求结构研究　　　　张　浩　　21.00
指令流和人民币汇率形成　　　　　　　　　杨　荣　　26.00

第十五辑
中国金融业管理制度：演进、绩效与选择　　赵会军　　39.00
微型金融组织治理结构研究　　　　　　　　王　维　　31.00
　　　——基于契约理论的分析框架
中国政策性住房金融研究　　　　　　　　　李晓红　　25.00
辽宁省中小企业融资困境及策略研究　　　　郑永海　　25.00
财产保险公司风险预警研究　　　　滕焕钦　张芳洁　28.00

第十六辑
基于信用风险防范的商业银行贷款定价研究　田　敏　　29.00
农业产业化龙头企业全面风险管理体系研究　张红霞　　28.00
　　　——以吉林省为例
中国经济崛起中的人民币汇率制度　　　　　付　琼　　32.00
中国外汇储备资本化研究　　　　　　　　　戴　序　　32.00
中国参与国际货币合作问题研究　　　　　　徐　扬　　28.00
中美中小银行比较研究　　　　　　　　　　何　婧　　36.00
"三农"金融机构协调发展研究　　　　　　周再清　　30.00
政策性农业保险利益协调研究　　　　　　　黄亚林　　35.00
全民医保：从"碎片化"到基金整合　　　　何　毅　　46.00
房地产价格与货币政策关系研究　　　　　　郭　娜　　26.00
基于经济资本的商业银行全面风险管理研究　谭德俊　　36.00

第十七辑
中国银行业资本监管效应研究　　　　　　　贺文峰　　32.00
欧元区货币一体化与欧债危机　　　　　　　杨晓龙　　28.00

全球失衡问题研究　　　　　　　　　　　　　曹　强　　　　39.00
　　——基于金融结构的视角
随机最优控制理论下的保险公司最优化问题研究　李亚男　　　　28.00
中国股票市场盈利溢价效应研究　　　　　　　齐欣林　　　　36.00

第十八辑
银行资本监管与货币政策的协调研究　　　　　高洁超　　　　39.00
论现代市场经济中的金融资本　　　　　　　　彭俞超　　　　38.00
　　——基于金融部门资本收益率的分析